Ar Flaen fy Nhafod

# AR FLAEN FY NHAFOD

*Casgliad o ymadroddion Cymraeg*

D. Geraint Lewis

Gomer

I Rhys a Trish

Cyhoeddwyd gyntaf yn 2012 gan
Wasg Gomer, Llandysul, Ceredigion, SA44 4JL
www.gomer.co.uk

ISBN 978 1 84323 966 6

Dymuna'r cyhoeddwyr gydnabod cymorth
Cyngor Llyfrau Cymru.

Argraffwyd a rhwymwyd yng Nghymru gan
Wasg Gomer, Llandysul, Ceredigion.

# Cynnwys

The English glossary is to help Welsh learners
to start finding their way around the language
and to explore more as their ability grows.

# Rhagymadrodd

Dyma gasgliad o briod-ddulliau ac ymadroddion sydd wedi cael eu cywain gennyf dros y blynyddoedd. Sail y cyfan yw'r 'ymadrodd pert'. Mae rhai'n deillio o'r syniad mai Cymraeg oedd iaith cymeriadau'r Beibl, mor ddwfn yw'n hymwybyddiaeth o Feibl William Morgan. Ffynhonnell arall yw ein hen gefndir amaethyddol ac adnabyddiaeth ddofn o dir a chreadur. Ond nid rhywbeth sy'n perthyn i'r gorffennol yn unig yw'r ymadrodd pert, ac rwyf wedi pigo'n ddigywilydd o berllan ein beirdd, yn hyderus y bydd rhai o'r detholion eu hunain yn troi, ryw ddydd, yn ddihareb neu'n ymadrodd cofiadwy, na fydd y sawl sy'n ei ddefnyddio'n gwybod o ba le y daeth efallai. Am y rheswm yma, gan fod yr amgylchiadau a roes fod i nifer o'r ymadroddion hyn wedi hen ddiflannu, rwy'n cynnig pwt o esboniad a hefyd, lle bo hynny'n briodol (yn fy marn i), ymadrodd cyfatebol yn Saesneg sy'n adleisio ergyd y Gymraeg.

Problem oesol cyfrol fel hon yw sut i ddarganfod ymadrodd yr eilwaith. Fy ateb i yw gosod yr ymadrodd dan un o eiriau arwyddocaol yr ymadrodd, felly mae:

'taflu / bwrw rhywun oddi ar ei echel' i'w weld dan 'echel'
'dal / cadw'r ddysgl yn wastad' dan 'dysgl'
'troi dalen newydd' dan 'dalen' ac yn y blaen, gan gynnwys hefyd nifer o groesgyfeiriadau.

Gyda chymaint o amrywiaeth yn y deunydd yn y ddwy iaith, yr oedd 'degymu'r mintys a'r anis' wedi dechrau mynd yn drech na mi ac y mae cyfraniad Luned Whelan, sydd wedi gofyn cwestiynau pwrpasol iawn ar ran darpar ddefnyddiwr y gyfrol, wedi bod yn fendith fawr. Diolch i'm cyfeillion yng Ngwasg Gomer am gymryd at y llyfr hwn eto, ond erys pob mefl a bai yn eiddo i mi a fi yn unig.

D. Geraint Lewis
*Llangwyryfon, Ebrill 2012*

---

**'A oes heddwch?'** y cwestiwn a ofynnir i'r dorf gan yr
Archdderwydd yn seremonïau'r Orsedd ym Mhafiliwn yr
Eisteddfod Genedlaethol. Mae ateb cadarnhaol yn un o
amodau cyflwyno'r wobr

**abwyd**

> **codi at yr abwyd** cael eich denu (fel pysgodyn) gan rywbeth
> sydd wedi ei lunio i'ch dal *to rise to the bait*
> **llyncu'r abwyd** cael eich dal gan rywbeth sydd wedi ei lunio
> i'ch twyllo *to swallow the bait*

**acha** ffurf ar 'ar uchaf', ar gefn

> **acha wew** ar slant; ar un ochr *aslant*

**ach / achau**

> **ach Adda** y ddynol ryw *Adam's line*
> **ers achau** ers amser maith; ers hydoedd *for ages*

**achlod** ebychiad yn golygu'r gwrthwyneb i 'clod'; gwarth

**achlust**

> **cael achlust** clywed si *to hear a whisper*

**achub**

> **achub angen** arbed arian at angen *to save for a rainy day*
> **achub y blaen ar** gweithredu o flaen rhywun arall er mwyn
> ennill mantais neu cyn i rywbeth ddigwydd *to pre-empt*
> **achub y blewyn a cholli'r bwrn** colli'r peth pwysig drwy
> ganolbwyntio ar y pethau mân *penny wise, pound foolish*
> **achub cam** amddiffyn rhywun *to defend someone*
> **achub / bachu ar y cyfle** manteisio ar gyfle *to grab the
> chance / opportunity*
> **achub fy nghroen** gwneud yn siŵr fy mod yn ddiogel *to save
> my skin*
> **achub y ffordd** cymryd llwybr tarw *to take a short-cut*

**achwyn**

> **a achwyno heb achos, gwneler achos iddo** digon rhwydd
> yw dod o hyd i esgus dros gwyno am rywun neu rywbeth

achwyn fy nghwyn grwgnach; cwyno

achwyn fy nhraed (neu ran arall o'r corff) *to moan about ...*

**adain**

**ar adain godi** yn y weithred o adael *on their way out*

**dan adain** yn amddiffyn; dan nawdd *under someone's wing*

**adar**

**adar o'r unlliw a hedant i'r unlle** tebyg at ei debyg *birds of a feather flock together*

'Gwyn eu byd yr adar gwylltion / Hwy gânt fynd i'r fan a fynnon' Anhysbys

**adeiladu**

**adeiladu tŷ ar dywod** dameg o'r Beibl. Tasg gymharol hawdd yw codi tŷ ar dywod, ond caiff y cyfan ei ddifa gan y gwynt a'r llanw *folly*

**adeiladu tŷ ar y graig** y gwrthwyneb i'r uchod, sef cyflawni tasg anos, ond sy'n rhywbeth diogel a chadarn *wisdom*

**aderyn**

**aderyn / deryn** cymeriad ffraeth, cyfrwys *a card*

**aderyn bach** rhywun dienw sy'n cario clecsiau *informer*

**aderyn brith** dyn ychydig yn amheus ei gymeriad *a rough diamond*

**aderyn corff** aderyn megis tylluan neu robin goch sydd, wrth daro'i big yn erbyn ffenestr, yn rhagfynegi marwolaeth

**[a]deryn dieithr** dieithryn *a stranger*

**aderyn / adar drycin** rhywun / rhywrai sy'n aml yng nghanol helynt *stormy petrel[s]*

**dal y deryn ar y nyth** dal rhywun gartref *to catch someone at home*

'Diofal yw'r aderyn, / Ni hau, ni fed un gronyn' Anhysbys

**gwell aderyn mewn llaw na dau mewn llwyn** mae rhywbeth sy'n sicr yn eich meddiant yn fwy gwerthfawr nag addewid o rywbeth gwell *a bird in the hand is worth two in the bush*

**rhaid cael deryn glân i ganu** os yw rhywun yn mynd i bregethu wrth bobl eraill sut y dylen nhw ymddwyn, rhaid i'r un sy'n pregethu fod yn ddilychwin

**adfyd a ddaw â dysg yn ei law** y mae dyn yn dysgu oddi wrth gamgymeriadau a thrychinebau *sweet are the uses of adversity*

**adnabod**

**adnabod rhywun ym mhig y frân** adnabod rhywun hyd yn oed ar ôl iddynt farw a chael eu bwyta gan y brain *to know someone anywhere*

**adwaenir dyn wrth ei gyfeillion** y mae modd adnabod rhywun yn ôl y cwmni mae'n ei gadw

**gorau adnabod, adnabod dy hun** *know thyself*

'**Un yw craidd cred a gwych adnabod**' 'Wedi'r Canrifoedd Mudan', Waldo Williams

**adref**

**bwrw / taro hyd adref** gwneud yn siŵr fod neges yn cyrraedd y man iawn *to hammer home*

'**Mae 'nghyfeillion adre'n myned / O fy mlaen o un i un**' gw. cyfeillion

'**'Nôl rhodio, treiglo pob tref, / Teg edrych tuag adref**' Ieuan Llawdden *there's no place like home*

**adrodd**

**adrodd / dweud fy nghwyn** mynegi fy ngofidiau; bwrw fy mol *to pour out my heart; to pour out my troubles*

**adwy** hollt; bwlch; yn ffigurol, argyfwng *gap; breach; to be in crisis*

**camu / dyfod / neidio / i'r adwy**

**sefyll yn yr adwy** cynorthwyo mewn argyfwng *to step into the breach*

**addewid**

**cywiro addewid** *to fulfil a promise*

**ewyn dwfr yw addewid mab** *a young man's promise, so much froth*

**addo**

**addo môr a mynydd** addo unrhyw beth er mwyn cael cytundeb *to promise heaven and earth*

**ei haddo hi** (i rywun) bygwth *to threaten*

**addoli'r llo aur** troi oddi wrth egwyddorion er mwyn elw personol. Hanes o'r Beibl am yr Iddewon yn llunio delw aur

i'w haddoli tra oedd Moses ar ben Mynydd Sinai yn derbyn
y Deg Gorchymyn gan Dduw *to worship the golden calf*

**addysg**

   **mae addysg o febyd i fedd** *education reaches from the cradle
   to the grave*

**ael**

   **codi aeliau** mynegi syndod *to raise one's brows*
   **codi aeliau** (am y tywydd) goleuo, codi, brafio

**aelod**

   **tynnu rhywun yn bedwar aelod a phen** (mewn dadl
   neu ffrae) torri i ffwrdd freichiau, coesau a phen eich
   gwrthwynebydd; chwalu rhywun yn gyrbibion *to hang and
   quarter someone (metaphorically)*

**aeres brudd, aros brawd** gan mai'r mab hynaf oedd yn etifeddu,
dyma deimladau'r ferch hynaf o glywed bod babi ar y ffordd

**aerwy** cadwyn dal buwch

   **prynu aerwy cyn prynu buwch** cynllunio'n ofalus ymlaen
   llaw; cael y pethau cyntaf gyntaf *first things first*

**afal pwdr a ddryga'i gyfeillion** *a bad apple spoils the barrel*

**Afallon** enw'r ynys ledrithiol y cludwyd y Brenin Arthur iddi i
wella o'i glwyfau yn dilyn ei frwydr olaf *Isle of Avalon*

   **Bryniau Bro Afallon** gwlad ddelfrydol *The Land of
   Cockaigne*

**afon** defnyddir yn drosiadol am angau; afon Styx oedd enw'r
afon yr oedd y meirwon yn ei chroesi yn chwedloniaeth
Gwlad Groeg

   **croesi'r afon** marw *to die*
   **fel afon i fôr yw bywyd dyn** *from its source to the sea, life is
   but a river*

**afrad pob afraid** os nad oes ei angen, mae'n wastraff

**afradu geiriau** gwastraffu geiriau *waste of breath*

**afraid**

   **cadw dy afraid at dy raid** *waste not, want not*

**agor**

   **agor fy mhig** dweud rhywbeth diangen *to open my trap*

4

**agor hen friw** edliw hen gam; codi hen grachen *to re-open old wounds*

**agor mater** arwain trafodaeth (ar destun crefyddol yn wreiddiol) *to lead the debate*

**agoriad llygad** gweld (neu fod rhywun yn peri i chi weld) rhywbeth mewn ffordd newydd sy'n achosi syndod *an eye-opener*

**agos**

  **agos ati** bron â bod yn hollol gywir *almost there*

  **agos atoch** cyfeillgar, annwyl *friendly*

  **agos at ei le** yn agos at fod yn berffaith; byw bywyd da *near the mark*

**angel pen ffordd a diawl pen pentan** rhywun sy'n ymddangos yn fonheddig yn gyhoeddus ond sy'n hollol i'r gwrthwyneb gartref

**angen a ddysg hen i redeg / angen yw mam pob celf** *necessity is the mother of invention*

**angerdd**

  'Angerdd pob fflam, a thân pob nwyd, / A dry'n ei dro yn lludw llwyd' 'Y Fflam', I. D. Hooson

**angladd gŵyr a gweision** angladd dynion yn unig

**angylion**

  ychydig is na'r angylion yn ôl y Beibl, lle dyn yn nhrefn Duw; erbyn hyn mae'n cael ei ddefnyddio'n wawdlyd i bwysleisio ffaeleddau pobl *human condition*

**ail**

  **ail dwym / ail bob** (hefyd **eildwym / eilbob**) am hen syniadau neu awgrymiadau wedi eu cyflwyno mewn ffordd ychydig yn wahanol gw. **cawl** *to rehash*

  **ail ddifaru, hynny ddaru** yr ail a glywodd, hwnnw rechodd

  **am yn ail / bob yn ail** *every other*

  **cael ail** cael siom (o beidio â dod yn gyntaf) *to lose out*

  **heb ei ail** unigryw; heb neb tebyg *none better*

**alaw**

  'Mae alaw pan ddistawo / Yn mynnu canu'n y co',' 'Epigramau', Dic Jones

**Alffa ac Omega**, yr llythyren gyntaf a llythyren olaf yr wyddor Roeg; y peth cyntaf a'r peth olaf

**Alis / Alys Rhonwen** merch Hengist, brenin y Sacsoniaid. Syrthiodd Gwrtheyrn, brenin y Brythoniaid, mewn cariad â hi, a chaniatáu tir yng Nghaint i'w thad. A dyna sut y cyrhaeddodd y Saeson Ynys Prydain

**plant / hil / cywion Alis** y Saeson

**allt bren** staer; grisiau i'r llofft *wooden hill to bed*

**alltud**

'Mae'n werth troi'n alltud ambell dro', Eifion Wyn. Er mwyn gwerthfawrogi Cymru'n well; mae'n werth ymadael â'r hyn rydych chi'n gyfarwydd ag ef er mwyn ei werthfawrogi

**allwedd**

**allwedd arian a egyr pob clo** fe allwch brynu unrhyw beth os oes gennych ddigon o arian

**allwedd calon, cwrw da** *sobriety conceals, inebriation reveals*; *in vino veritas*

**rhoi allwedd cwt ffowls i'r cadno** rhoi gofal rhywbeth i rywun sy'n mynd i wneud niwed mawr iddo; rhoi gofal yr ŵydd i'r cadno *folly*

**amaethu**

'Tra bo dynoliaeth fe fydd amaethu', 'Cynhaeaf', Dic Jones

**ambell**

**ambell dro / waith** weithiau *sometimes*

**ambell un** rhyw ychydig *the odd one*

**amcan**

**amcan gof a mesur crydd / teiliwr** awgrym fod gwaith crydd neu deiliwr yn gorfod bod yn fwy manwl gywir na gwaith gof

**gwell amcan gof na mesur saer** ffordd y gof o ddweud ei fod yn well crefftwr na'r saer

**amdo**

**does dim poced mewn amdo** chewch chi ddim mynd â'ch arian gyda chi ar ôl marw *you can't take it with you*

**amen** gair Hebraeg o'r Beibl sydd, ar ddiwedd darn, yn golygu 'boed felly'. Gall hefyd olygu 'dyna ddiwedd ar rywbeth'

**amenio / dweud 'amen' wrth rywbeth** cydsynio; cytuno

**aml**

yn amlach na pheidio gan amlaf *more often than not*

**amlaf ei gŵys, amlaf ei ysgub** po galetaf y gweithia, yr helaethaf ei wobr

**gan amlaf** fel arfer *generally*

**amlwg**

**amlwg bai lle ni bo cariad / amlaf y bai lle ni charer** hawdd gweld beiau rhywun nad ydych chi'n ei hoffi

**dod i'r amlwg** amlygu ei hun *to come to prominence*

**amrantiad**

**ar drawiad amrantiad / mewn trawiad amrant** yn sydyn iawn *in the blink of an eye*

**amryw byd o bethau** amrywiaeth eang *a variety*

**amser**

**amser a ddengys** daw gwir werth / natur rhywbeth (neu rywun) i'r amlwg ymhen amser *time will tell*

**amser yw'r meddyg** *time the great healer*

**mae pawb yn aros yr amser, a'r amser nid erys neb** *time and tide wait for no man*

**unwaith yn y pedwar amser** (sef y pedwar tymor) anarferol o brin *rarely*

**'Y mae amser i bob peth, ac amser i bob amcan dan y nefoedd'** Llyfr y Pregethwr

**yn fy amser fy hun** yn ôl fel y mae'n gyfleus i mi *in my own sweet time*

**amynedd**

**amynedd Job** yn y Beibl ceir hanes Job, gŵr cyfiawn y mae ei ffydd yn Nuw yn cael ei phrofi gan un drychineb ar ôl y llall. Er gwaethaf ei holl brofedigaethau, mae'n cadw ei ffydd – dyma amynedd Job *the patience of Job*

**amynedd yw eli pob dolur** *time the great healer*

**amynedd yw mam pob doethineb** *patience is a virtue*

**caffed amynedd ei pherffaith waith** byddwch yn amyneddgar

**anad**

**yn anad dim** yn fwy na dim; y peth pwysicaf *more than anything*

**yn anad neb** yn fwy nag unrhyw un; y person pwysicaf *more than anyone*

**anadl**

**anadl einioes** ymadrodd beiblaidd am yr hyn sy'n rhoi bywyd i gorff dyn *the breath of life*

**anadlu unwaith eto** ymateb wedi dianc o argyfwng neu fygythiad *sigh of relief*

**anelu**

**anelu saethau** gwneud sylwadau pigog *to criticise*

**gwell anelu at rywbeth a'i fethu nag anelu at ddim a'i daro**

**anfeidrol bwys** (mewn brawddeg negyddol): 'nid yw o anfeidrol bwys' *of no great significance*

**anian**

'**Ond wrth ymyrraeth â chwi oll ac un / Mi gefais gip ar f'anian i fy hun**' 'Geiriau', T. H. Parry-Williams

**Ann Hysbys** *A. N. Other*

**annoeth**

'**Annoeth cicio nyth cacwn**' Anthropos (Robert David Rowlands)

**antur**

**ar antur** ar hap a damwain *by accident*

**anudon**

**tyngu anudon** tyngu llw celwyddog *perjury*

**anwybod**

**anwybod yw mam yr holl feiau** *ignorance is the mother of all evil*

**melys pob anwybod** *where ignorance is bliss, 'tis folly to be wise*

**aped** ffurf dafodieithol ar 'ateb'. (Weithiau mae dwy gytsain yn newid, ac yn addasu i ffurfio gair newydd)

**mynd i'w aped** marw *to die*

**aradr**

> **rhoi llaw ar yr aradr** unwaith mae rhywun wedi ymrwymo i wneud rhywbeth, rhaid canolbwyntio a glynu wrtho hyd nes ei gwblhau *to put a hand to the plough*

**araf**

> **araf bach** yn araf iawn *slowly making one's way*
> **ara' deg** gan bwyll; heb fod yn frysiog *easy does it*
> **ara' deg mae dal iâr** / **yn ara' deg a fesul tipyn y mae stwffio bys i din gwybedyn** / **yn ara' deg mae mynd yn bell** rhybudd i beidio â rhuthro *softly softly, catchee monkey*

**ar ben** wedi darfod *at an end*

**ar ei hôl hi** yn hwyr *running late*

**arch**

> **allan o'r arch** ceir hanes Noa a'i deulu yn y Beibl yn adeiladu llong a fyddai'n cadw dau o bob rhywogaeth o anifail wedi i Dduw foddi'r byd yn y dilyw. Dyma felly'r pethau byw hynaf yn y byd, ac y mae'r ymadrodd yn golygu 'rhywbeth hen iawn' neu 'henffasiwn iawn' *out of the ark*
> **hoelen yn arch** (rhywun) digwyddiad sy'n arwydd bod rhywbeth ar ddarfod *a nail in the coffin*
> **'Yn eu harch, parch; / Yn eu hoes, croes'** 'Proffwyd a Sant', Sarnicol (Thomas Jacob Thomas, epigramydd)

**aredig**

> **nid ar redeg mae aredig** pwyll piau hi; mae yna rai gorchwylion na ellir eu rhuthro

**arf**

> **arf doeth – pwyll, arf ynfyd – dur** *jaw jaw, not war war*
> **gorau arf, arf dysg** dihareb ac arwyddair

**arfaeth**

> **yn yr arfaeth** yn cael ei baratoi; a fwriedir *in the pipeline*

**arfer**

> **arfer gwlad** yr hyn sy'n arferol *common practice*
> **arfer yw hanner y gwaith** *practice makes perfect*
> **arfer yw mam pob meistrolaeth** trwy ymarfer y mae meistroli unrhyw grefft *practice makes perfect*

**arian**
> **arian byw** mercwri *quicksilver*
> **arian cochion** ceiniogau a dimeiau *coppers*
> **arian gleision / arian gwynion** *silver (money)*
> **arian mân** *loose change*
> **arian parod** arian (yn hytrach na siec neu garden) *ready cash*
> **arian sychion** *hard cash*
> **arian yn llosgi twll yn fy mhoced** methu cynilo; yn gwario'r cyfan *money burning a hole in my pocket*
> **llysywen mewn dwrn yw arian**
> **mae arian yn was da ond yn feistr drwg**
> **ni wna arian, mwy na gwrtaith, les heb ei chwalu** *money, like manure, should be spread around to help young things grow*

**Arianrhod** duwies y lleuad ac un o ferched Dôn, prif dduwies y Celtiaid. Caer Arianrhod yw un o'r enwau ar y Llwybr Llaethog

**arllwys**
> **arllwys fy nghwd** rhannu'm pryderon a'm gofidiau *to pour out my troubles*
> **arllwys y glaw** bwrw glaw yn drwm *tipping down*

**Armagedon** y frwydr fawr derfynol rhwng Duw a'r diafol y sonnir amdani yn Llyfr y Datguddiad
> **mae'n Armagedon arnom** mae'n argyfwng / ddiwedd arnom *it's the end of the world*

**aros**
> **aros ar fy nhraed** peidio â mynd i'r gwely *on my feet*
> **Aros funud fach!** Paid â mynd yr eiliad hon *Hang on a minute!*
> **hir pob aros** *all waiting is long*

**arswyd**
> **codi arswyd ar** codi ofn ar *to put the fear of God into*

**arwr**
> '**arwr glew erwau'r glo**' 'Y Glöwr', Tilsli

**arwyddion yr amserau** ymadrodd beiblaidd: mae gofyn bod yn ymwybodol o'r ffordd y mae pethau'n mynd; sut mae'r gwynt yn chwythu; ble mae'r byd arni *a sign of the times*

**asen Adda** gwraig; o'r hanes yn Llyfr Genesis i Dduw lunio cymar i Adda o un o'i asennau *a woman*

**asennau**

> **sefyll at dy asennau** pryd o fwyd sylweddol, gydag awgrym ei fod yn drwm *this'll stick to your ribs*

**asgwrn**

> **agos at yr asgwrn** am ymadrodd cofiadwy sy'n ymylu ar fod yn haerllug neu'n ddi-chwaeth *close to the knuckle*
>
> **asgwrn cefn** rhywun sy'n cynnal ac yn rhoi cryfder (i grŵp fel arfer) *backbone*
>
> **asgwrn i bilo / asgwrn i'w grafu** mater dadleuol y mae angen mynd i'r afael ag ef *a bone to pick*
>
> **asgwrn y gynnen** yr union destun y mae anghytundeb yn ei gylch *a bone of contention*
>
> **torri at yr asgwrn** torri'n ddwfn, naill ai fel ei fod yn gwneud dolur i'r teimladau neu'n ariannol *to cut to the bone*

**atal fy llaw** peidio â tharo; peidio â chosbi *to stay my hand*

**ateb**

> **ateb parod** ateb slic *a ready answer*
>
> **ateb y diben / ateb y galw** yn cyflawni'r hyn roedd ei eisiau *to fit the bill*

**athro**

> **nid athro ni ddysg ei hunan** *doctor, heal thyself*

**athrylith**

> **deuparth athrylith yw arfer** *practice makes perfect*

**aur**

> **aur dan y rhedyn, arian tan yr eithin, tlodi dan y grug** gwerth cymharol y tir y mae'r planhigion hyn yn tyfu arno
>
> **nid aur popeth melyn** peidiwch â chael eich twyllo gan olwg rhywbeth *all that glitters is not gold*

**awel**

> **awel groes** (o faes hwylio) rhwystr, rhywbeth sy'n tramgwyddo *an ill wind*
>
> **codi'r awel** cael hyd i'r arian angenrheidiol (fel yr oedd angen awel ar long hwylio i gychwyn ei thaith) *to raise the necessary (cash)*

**awenau**

> **cymryd yr awenau** cymryd cyfrifoldeb; arwain *to take responsibility; to lead*
>
> **dal yr awenau** rheoli; arwain *to take the lead*

**awgrym i gall, gair i angall** rhaid dweud y gwir yn blaen wrth rywun twp

**awr**

> **awr cyn hanner nos sydd werth tair wedi** *early to bed, early to rise, makes a man healthy, wealthy and wise*
>
> **awr gron** awr gyfan *a whole hour*
>
> **awr wan** ildio i demtasiwn *a moment of weakness*
>
> **unfed awr ar ddeg, yr** y cyfle olaf; a'r diwedd o fewn golwg *the eleventh hour*
>
> **yr awr dywyllaf yw'r un cyn y wawr** yr amser gwaethaf un yw'r cyfnod ychydig cyn i bethau ddechrau gwella *the darkest hour is before dawn*

**awydd**

> **codi awydd** dymuno; dyheu; eisiau

**awyr**

> **awyr draeth** cymylau tonnog sy'n arwydd o law *mackerel sky*
>
> **malu awyr** siarad gwag *to shoot the breeze*
>
> **yn yr awyr** amhendant; ansicr *up in the air*

**Baal** yn y Beibl: un o'r duwiau y bu pobl Israel yn ei addoli nes i'r
proffwyd Elias herio Baal a'i broffwydi a'u difa yn enw Duw
Israel. Llyfr y Brenhinoedd
    **plygu glin i Baal** talu gwrogaeth i bethau ffasiynol, ffug, gan
droi cefn ar y gwerthoedd craidd *to worship false gods*
**babi**
    **babi ffair** plentyn siawns *an illegitimate child*
    **babi losin** *a cry-baby*
    **babi Mam** plentyn sy'n rhedeg at ei fam am bob dim
    *Mummy's pet (usually a boy)*
**bach**
    **bach hedyn pob mawredd** *great oaks from little acorns
grow*
    **bach y nyth** y cyw lleiaf (olaf); plentyn ieuengaf y teulu *runt*
    **gwell bach mewn llaw na mawr gerllaw** *a bird in the hand is
worth two in the bush*
**bachan**
    **bachan bore** gŵr siarp, effro *a fly fellow*
    **bachan bras** gŵr mawreddog; hunanbwysig *a pompous
fellow*
    '**Bachan bidir yw Dai'** tipyn o gymeriad; gŵr garw *quite a
guy* 'Dai' J. J. Williams
**bachgen gwyn** bachgen annwyl *a lovely boy*
**bachu**
    **Bacha hi o 'ma!** Cer o 'ma! *Push off!*
    **bachu ar y cyfle** cymryd y cyfle *to grab the opportunity*
    **ei bachu hi** rhuthro draw *to hotfoot it away*
**baglu**
    **Bagla (h)i!** *Get lost!*
    **baglu dros ei draed ei hun** cerdded yn drwsgl; gweithredu'n
lletchwith *to trip over his own two feet*
    **ei baglu hi** rhedeg i ffwrdd; dianc *to scarper*

**bai**

cwympo / syrthio ar fy mai gw. cwympo

**heb ei fai, heb ei eni** does neb yn berffaith *no-one's perfect*

**baich**

**baich drain** cario'r baich yma oedd y gosb am gasglu coed ar y Sul

**baich gwas diog** bydd ceisio cario gormod o lwyth yn arwain at ei ollwng; llwyth dyn pwdr *lazy man's load*

**balm Gilead** cysur; eli lleddfu poen (corfforol ac ysbrydol) y sonnir amdano yn y Beibl *solace*

**band un dyn** yn wreiddiol, un dyn yn chwarae nifer o offerynnau cerdd; yn drosiadol, rhywun sy'n cyflawni nifer o ddyletswyddau ar yr un pryd *a one-man band*

**bando** gêm debyg i hoci neu *hurling* yn Iwerddon

**baner wen** arwydd o barodrwydd i roi'r gorau i ymladd er mwyn trafod neu ildio; yn draddodiadol, ni fyddai deilydd baner wen yn cael ei niweidio *a white flag*

**bara**

**bara a chaws** materion bara a chaws; y pethau angenrheidiol sy'n eich cynnal bob dydd *bread and butter*

**bara beunyddiol** ymadrodd o Weddi'r Arglwydd. Mewn ymadrodd fel 'ennill ei fara beunyddiol', mae bellach yn golygu cynhaliaeth yn gyffredinol a'r modd o'i darparu *daily bread*

**bara brith** cacen ffrwythau *tea bread*

**bara coch** bara brown *brown bread*

**bara heddiw, cig ddoe a chwrw'r llynedd** yr adeg mae'r pethau yma ar eu gorau

**bara henbob** bara nad yw'n ffres *stale bread*

**bara lawr** gwymon wedi ei ffrio mewn blawd *laverbread (porphyra umbilicalis)*

**bara llygeidiog ond caws dall** bara a llawer o dyllau ynddo a chaws heb dyllau sydd orau

**bara menyn pregethwr** tafell denau o fara menyn

**ennill fy mara menyn** fy ngwaith bob dydd *to earn my crust*

**bwyta bara seguryd** ymadrodd beiblaidd; cael eich bwydo heb wneud dim i'w ennill; byw ar y wlad *idle*

**mewn 'da'r bara, mas 'da'r byns** mae angen mwy o amser i bobi bara na byns; yn ffigurol am rywun diniwed

**nid ar fara yn unig** [y bydd byw dyn] ymadrodd beiblaidd yn tynnu sylw at anghenion ysbrydol yn ogystal â'r rhai corfforol *man shall not live by bread alone*

**barcud**

    **cadw llygad barcud** gwylio'n fanwl *to keep a sharp eye on*

    **fel barcud ar gyw** ymosodiad didrugaredd *ruthless*

**bardd**

    **bardd bol clawdd / pen pastwn / talcen slip** un sy'n ysgrifennu cerddi ysgafn *poetaster*

    **bardd gwlad** bardd sy'n canu i'w gymuned ei hun (yn y mesurau caeth fel arfer)

    **'Duw ydyw awdur popeth hardd, / Efe yw'r unig berffaith fardd'** Cynan

    **pastynfardd** bardd talcen slip

    **'Y bardd bach uwch beirdd y byd'** disgrifiad o Gruffudd Hiraethog gan Wiliam Llŷn

**barddoniaeth**

    **'Mae'r oll yn gysegredig, mae barddoniaeth / Nefolaidd ar yr holl fynyddoedd hyn'** 'Y Storm', Islwyn

    **'Ynom mae y sêr! / A phob barddoniaeth'** 'Tybiaith', Islwyn

**bargen**

    **bargen bol clawdd** bargen wedi ei chytuno'n fras *a roughly drafted agreement*

    **taro bargen** dod i gytundeb ar ôl bargeinio *to strike a bargain*

**barn**

    **'a farno, efe a fernir'** pwy bynnag sy'n barnu eraill a gaiff ei farnu ei hun. Dafydd ab Edmwnd

    **digon o farn** rhywun sy'n boen, yn niwsans *enough of a nuisance*

    **doeth a newid ei farn, ffôl a geidw yn gadarn** *the wise are flexible in their opinions, the fool's story fixed*

**mae barn gan ffŵl ond barn ffŵl yw hi** *every idiot has an opinion, but it is the opinion of an idiot*
**pawb â'i farn** mae barn pobl yn amrywio *everyone's entitled to an opinion*
**rhydd i bob meddwl ei farn ac i bob barn ei llafar** *everyone's entitled to an opinion and to voice that opinion*

**barnu**

**ar ddiwedd y mae barnu** nid ar y dechrau nac yn y canol *the show isn't over till the fat lady sings*
**na fernwch fel na'ch barner** ymadrodd beiblaidd *judge not lest ye be judged*

**bawd**

**clec ar fy mawd** sŵn sy'n dynodi dirmyg at rywun neu rywbeth *snap my fingers*
**dan y fawd** dan reolaeth rhywun arall *under the thumb*
**heb fod uwch bawd (na) sawdl** heb fod dim elwach *none the wiser*
**synnwyr y fawd** ymadrodd yn deillio o ddefnydd cyffredin o'r fawd i fesur hyd rhywbeth. Mae 'bawdfedd' yn troi'n 'modfedd', sef rhywbeth ymarferol ar gyfer bywyd bob dydd *rule of thumb*
**bedlam [wyllt]** o enw'r priordy St Mary of Bethlehem yn Llundain, ysbyty meddwl ers y 1370au. Yn y canrifoedd cynnar, roedd pobl yn cael eu cam-drin yn ofnadwy yno, gan gynnwys eu cadw mewn cadwyni a budreddi. Roedd eu sŵn yn tystio i'r erchyllterau, a dyma yw tarddiad yr enw
**bedydd tân** megis profiad cyntaf milwr mewn brwydr; profiad anodd *baptism of fire*

**beddau**

'Y beddau a'u gwlych y glaw' o hen englynion am arwyr coll
**beddau wedi eu gwyngalchu** ymadrodd beiblaidd; pethau sy'n ymddangos yn ddeniadol ond sy'n llawn pydredd dan yr wyneb *painted sepulchres*
**beichio crio / llefain / wylo** igian llefain; llefain yn uchel *to sob*

**beili mewn sasiwn, fel** [mor brysur â] swyddog y siryf mewn llys barn, fel cacynen mewn bys coch *busy as a bee*

**beirdd**

'**Beirdd byd barnant wŷr o galon**' moli dynion dewr a wna beirdd *Canu Aneirin*

**beirniadu'n hallt** condemnio *to pull to shreds*

**benben** am ddau yn cwympo mas; yn ffraeo *at loggerheads*

**bendith**

**bendith arnat** yn dilyn tisian *bless you!*

**Bendith y Mamau** y Tylwyth Teg *fairies*

**Bendith [y] Tad!** ebychiad, 'er mwyn dyn' *For heaven's sake!*

**dan fy mendith** gan dderbyn fy mendith *with my blessing*

**gofyn bendith** dweud gweddi cyn pryd o fwyd; gras cyn bwyd *to say grace*

**berw**

**ym merw** [**dadl**] yng ngwres y cyffro *in the heat [of the moment]*

**yn ferw gwyllt** yn llawn cyffro a symud *seething*

**berwi**

**berwi** siarad yn eiddgar (am rywbeth nad oes gennych ddiddordeb ynddo) *to natter on*

**berwi drosodd** mynd dros ben llestri; mynd allan o reolaeth *to boil over*

**berwi fy mhen** mae fy mhen wedi ei lenwi i'r ymyl â syniad arbennig neu serch

**berwi'n glychau** berwi'n frwd *rolling boil*

**berwi o** yn gyforiog o *to be alive with*

**mae eisiau berwi fy mhen** rwyf wedi anghofio

**beunydd**

**beunydd beunos** drwy'r amser *day and night*

**blaen**

**ar flaen fy nhafod** ddim cweit yn gallu cofio (enw/gair); ar fin dweud rhywbeth *on the tip of my tongue*

**ar flaen y gad** yn arwain y rhyfelwyr *the vanguard*

**ar flaenau fy nhraed** *on tiptoe*

**ar y blaen** o flaen pawb neu bopeth arall, yn rhagori *to the fore*

**blaen y llanw** diwedd y trai, dechrau'r llanw *turn of the tide*

**cael y blaen ar** ennill; rhagori ar *to race ahead*

**dod yn fy mlaen** yn llwyddo; gwella *getting on*

**rhag blaen** ar unwaith; heb oedi *immediately*

blaidd

**blaidd mewn croen dafad** o'r Beibl, yn sôn am broffwydi ffug, ond sydd wedi dod i olygu twyllwr-ysbeiliwr yn gyffredinol *a wolf in sheep's clothing*

**cyfaill blaidd, bugail diog** *a wolf's best friend is a lazy shepherd*

**na ddeffroer blaidd o'i gwsg** *let sleeping dogs lie*

blas

**blas y cyw yn y cawl** plentyn sy'n amlygu'r un nodweddion (gwael fel arfer) â'i rieni *a chip off the old block*

**blas hir hel** blas cas, hen *rancid*

**blas pres** rhywbeth sy'n costio'n ddrud (pryd o fwyd fel arfer) ac nad yw mor flasus, efallai oherwydd hynny *a taste of copper (money)*

**blas tafod** cerydd *rough edge of the tongue*

**cael blas ar** mwynhau *to get a taste for*

**mae blas ar beth, does dim ar ddim** mae ychydig yn well na dim *little is better than none*

'**Mae yno flas y cynfyd / Yn aros fel hen win**' 'Eifionydd', R. Williams Parry

**torri rhywbeth yn ei flas** gadael rhywbeth tra bo pobl eisiau rhagor, yn hytrach na gadael iddo fynd yn rhy hir a throi'n ddiflas *to leave them wanting more*

**blawta a blonega** yr arfer ar ddydd Mawrth Ynyd o fynd o ddrws i ddrws i hela braster a blawd i weithio crempogau

blew / blewyn

**achub y blewyn a cholli'r bwrn** *penny wise, pound foolish*

**blew geifr** cymylau hir tenau, arwydd o law

**blewyn da** golwg dda [ar anifail] *in good nick*

18

**blewyn glas** gwelltyn o borfa *a blade of grass*

**bob yn flewyn / o flewyn i flewyn yr â'r pen yn foel** yn raddol bach, heb i neb sylweddoli, y mae colled neu ddrwg yn digwydd

**cystal bob blewyn / tamaid** llawn cystal *every bit as good as*

**heb droi blewyn** heb ddangos unrhyw gyffro o gwbl *without turning a hair*

**heb flewyn ar dafod** dweud yn blwmp ac yn blaen *to state bluntly*

**hollti blew** mynd i ormod o fanylder; dadlau dros rywbeth nad yw'n ddigon pwysig i wneud gwahaniaeth *to split hairs*

**i drwch y blewyn / i'r blewyn** i'r dim, yn union *to a tee*

**llaw flewog / dwylo blewog** lleidr. O hanes Jacob yn Llyfr Genesis. Gosododd flew gafr ar ei freichiau er mwyn twyllo'i dad dall, Isaac, i feddwl mai bendithio Esau ei frawd yr oedd, a thrwy hynny, dygodd oddi ar Esau ei etifedd fraint *sticky fingers*

**o fewn trwch blewyn** yn agos iawn, iawn *within a hair's breadth*

**tynnu blewyn cwta** pan fo rhywun yn cael ei ddewis i wneud rhywbeth ar hap *to draw the short straw*

**tynnu blewyn o drwyn** gwneud rhywbeth i gythruddo rhywun *to rattle someone's cage*

**blin**

**blin fel tincer** yn wreiddiol, cyfeiriad at y Gwyddelod crwydrol a ffodd rhag y newyn tatws yn Iwerddon; heddiw, yn gandryll *tamping mad*

**mae'n flin gennyf** mae'n ddrwg gennyf *I'm sorry*

**teimlo'n flin** teimlo'n grac *to be angry*

**teimlo'n flin dros rywun** cydymdeimlo *to feel sorry for*

**blino'n lân** wedi llwyr ymlâdd *shattered*

**blith draphlith** yn gymysg i gyd; trwy'r trwch; strim-stram-strellach *higgledy-piggledy*

**blodau**

**blodau'r bedd** gwallt brith *grey hairs*

**blodau'r ffair** *belle of the ball*

**Fedri di ddim dyfrio blodau heb ddyfrio chwyn** mae'n amhosibl osgoi rhywbeth weithiau

**ym mlodau ei ddyddiau** yn ei anterth *in his prime*

**bloneg**

**byw ar fy mloneg / byw ar fy nghynilon** fel anifail sy'n cysgu drwy'r gaeaf *to live off my savings*

**iro blonegen** gwneud rhywbeth diwerth, diangen *a waste of time and effort*

**magu bloneg** mynd yn dew *to put on weight*

**blwyddyn**

**blwyddyn gron gyfa'** blwyddyn lawn *a whole year*

**Blwyddyn Newydd Dda i chi / Ac i bawb sydd yn y tŷ** cyfarchion dydd Calan a chais am galennig

**blwyddyn y tair caib** 1777

**blwyddyn y tair sbectol** 1888

**blwyddyn o eira, blwyddyn o lawndra** mae gaeaf caled yn gwneud lles i'r tir, cf. **gaeaf glas, mynwent fras**

**blys**

**codi blys** codi awydd *to have an urge*

**bod**

**mae rhywbeth yn bod** mae rhywbeth o'i le *something's wrong*

**bodiau**

**yn fodiau i gyd** trwsgl; lletchwith *all thumbs*

**bodlondeb**

**a chwilia fwyaf am fodlondeb a fydd bellaf oddi wrtho** cyflwr a roddir yw bod yn fodlon, nid un a enillir

**digon i bawb a'i bodlono** dyn bodlon yw dyn â digon

**cyfoethog pob bodlon** os nad oes gennych le i achwyn, ystyriwch eich hun yn gyfoethog

**bodd**

**o fodd neu anfodd** p'un a ydych yn fodlon ai peidio *whether you like it or not*

**rhwng bodd ac anfodd** mewn dau feddwl *in two minds*

**rhyngu bodd** bodloni; plesio

**wrth fy modd** hapus; wedi fy modloni *delighted*

**wrth fodd calon** er mawr bleser *heart's delight*

**boddfa**

**boddfa o chwys** yn chwys diferu *a bath of sweat*

**boddfa o ddagrau** wylo'n hidl *a flood of tears*

**boddi**

**boddi cathod bach mewn dŵr cynnes** dawn dweud y drefn neu geryddu'n llym, heb i'r sawl sy'n cael ei geryddu ffromi na phwdu

**boddi'r cynhaeaf** dathlu cwblhau casglu'r cynhaeaf drwy yfed glasaid neu ddau *to celebrate the harvest*

**boddi'r melinydd** rhoi gormod o ddŵr ar rywbeth, e.e. gwirod, toes *to drown*

**boddi yn ymyl y lan** methu pan fyddwch chi ar fin cyrraedd / ennill *to drown in sight of land*

**bogail**

**bwrw / hollti / torri fy mogail** gwneud fy ngorau glas *busting a gut*

**yn nhoriad fy mogail / o 'mogail** y peth cyntaf a wneir ar ôl i fabi gael ei eni yw torri llinyn y bogail; o'r cychwyn cyntaf; yn gynhenid *a natural*

**boi**

**fel y boi** yn dda iawn; yn holliach; mewn cyflwr rhagorol *great*

**Bois bach!** ebychiad, 'Wel y jiw jiw!' *Good gosh!*

**bol (gogledd) / bola (de/gorllewin)**

**bola llawn sy'n hollti, nid bola gwag**

**bwrw fy mol / fy mherfedd** adrodd fy mhryderon i gyd, adrodd fy nghwyn *to pour out my heart*

**daw bola'n gefn** anogaeth i fwyta *Eat up!*

**hollti / torri fy mol** bron â marw bod eisiau gwneud rhywbeth *dying to do something*

**llond bol** gw. **llond**

**mor dywyll â bol buwch [ddu]** tywyll iawn *pitch black*

**troi ei fol at yr haul** gwenieithu *to suck up to*

**bôn**

bôn y gwallt gwreiddyn y gwallt

bôn y gwynt cyfeiriad y gwynt *wind direction*

yn y bôn yn sylfaenol; o edrych dan yr wyneb *basically*

**bonedd**

bonedd a gwrêng hefyd gwrêng a bonedd y bobl gyffredin a'r boneddigion; pawb *everyone*

**bore**

bore oes adeg plentyndod *childhood years*

bore pawb pan godo mae pawb yn dechrau â'r un cyfleoedd o'u blaen

o fore gwyn tan nos trwy'r dydd *from dawn to dusk*

yn fore yn gynnar iawn; yn blygeiniol *early*

yn y bore y mae ei dal hi dechrau'n fore yw'r ffordd orau o gyflawni unrhyw waith *the early bird catches the worm*

yn y bore bach yn gynnar iawn yn y bore *early in the morning*

**bost**

bost a chelwydd, nid deupeth ydynt mae ymffrostio'n debyg i ddweud celwydd *To lie and to boast / Are but one thing at most*

mawr ei fost, bach ei orchest *all talk, no action*

**botwm corn** rhywbeth bach, rhad iawn

ddim yn hidio / malio botwm corn dim taten o ots *couldn't care less*

**braenaru** troi a thrin tir yn barod i'w hau; yn drosiadol, paratoi ar gyfer rhywbeth *to prepare*

**braich**

o hyd braich heb fod neu heb fynd yn rhy agos at rywun neu rywbeth *at arm's length*

cynnig o hyd braich cynnig nad oes disgwyl i chi ei dderbyn *an insincere offer*

**braidd**

braidd gyffwrdd prin yn cyffwrdd *barely touching*

o'r braidd go brin *scarcely*

**brain**

digon oer i sythu brain *cold enough to freeze a brass monkey*

myn brain i *stone the crows*

**braint**

braint a defod *rights and customs*

ym mhob braint mae dyletswydd nid oes dim am ddim
*with privilege comes responsibility*

**brân**

amlach brân nag eos mae llawer mwy o bobl heb dalent
(i ganu) nag sydd o gantorion talentog

fel yr hed y frân yn syth *as the crow flies*

gwyn y gwêl y frân ei chyw amharod yw mam i weld
unrhyw fai ar ei phlentyn

mae brân i bob brân mae cymar i bawb yn rhywle *there's a
Jack for every Jill*

y frân wen aderyn sy'n cario clecs *a little bird [tells me]*

ym mhig y frân mewn cyflwr truenus *in a hopeless state*

**bras**

byw'n fras mwynhau manteision cyfoeth *to live off the fat of
the land*

siarad yn fras

1. siarad mewn ffordd aflednais *blue language*

2. sôn yn gyffredinol (nid yn fanwl) am rywbeth *generally
speaking*

**brat** ffedog, barclod

brenin y bratiau / traed trwy ei sgidiau rhywun tlawd iawn

brensiach y bratiau! ebychiad, diar annwyl neu debyg

**brathu**

brathu / cnoi eich tafod atal eich hun rhag dweud rhywbeth
cas *to bite your tongue*

**brau**

'Brau yw einioes fel brwynen' Geraint Bowen

**brawd** aelod o urdd fynachaidd

Brawd Du aelod o Urdd y Dominiciaid, urdd y pregethwyr
*Dominican monk*

**Brawd Gwyn** aelod o Urdd y Sistersiaid, urdd Sant Bened *Benedictine monk*

**Brawd Llwyd / y Brodyr Llwydion** aelod(au) o Urdd Sant Ffransis, urdd y Brodyr Cardod *Franciscan monk*

**Brodyr Cardod** *mendicant friars*

**brawd²** perthynas

'**Ai ceidwad fy mrawd ydwyf fi?**' o hanes Cain ac Abel yn Llyfr Genesis. Llofruddiodd Cain ei frawd, Abel, ond pan holodd Duw ef ble roedd Abel, atebodd fel hyn, gan wrthod derbyn cyfrifoldeb am y weithred na'i frawd

'**Beth ydwyt ti a minnau, frawd, / Ond swp o esgyrn mewn gwisg o gnawd?**' 'Yr Esgyrn Hyn', T. H. Parry-Williams

**brecwast chwadan** ychydig, a hynny ar frys [fel gŵr newydd briodi'n aros yn rhy hir yn y gwely a gorfod rhuthro i'r gwaith 'ar frecwast chwadan'] *newlywed's breakfast*

**brechdan**

**brechdan llysfam** yn drwm ar y bara ond yn ysgafn ar y menyn

**brechdan nain** bara fel deilen a thrwch ceiniog o fenyn

**brechdan / cwlwm pump** dwrn *knuckle sandwich*

**hen frechdan** dyn merchetaidd *an effeminate man*

**mor wan â brechdan / mor wan â chath** yn wan iawn *weak as a kitten*

**brefu ychydig ond godro'n dda** am gadeirydd neu lywydd achlysur, nad yw'n dweud llawer ond sy'n cyfrannu'n hael

**brenin**

**Brenin Mawr, y** Duw. Ffordd lednais o osgoi enw Duw mewn rheg neu lw *God*

**diwrnod i'r brenin** diwrnod o wneud dim; diwrnod o waith sy'n troi'n ddiwrnod o ŵyl *a day off*

**yn frenin wrth** yn llawer gwell na (rhywbeth arall) *superior (to)*

**brethyn**

**brethyn cartref** doniau lleol *local talent*

**llathen / llathed o'r un brethyn** dau berson tebyg iawn eu ffyrdd; plentyn yn debyg i'w rieni; tebyg i ddyn fydd ei lwdn *a chip off the old block*

**torri'r pilyn / y got yn ôl y brethyn** gwneud y gorau o hynny o adnoddau sydd ar gael *to cut the coat according to the cloth*

**breuddwyd gwrach wrth ei hewyllys** yr hyn y byddai rhywun yn dymuno'i gael yn hytrach na'r hyn y mae'n debyg o'i gael *wishful thinking*

**brig**

**ar y brig** wedi cyrraedd y man uchaf *at the top*

**brig, gwraidd a bôn** yn gyfan gwbl *root and branch*

**brig yr hwyr** cyfnos *dusk*

**brig y nos** cyfnos; dechrau'r nos *dusk*

**brig y wawr** dechrau'r wawr *first light*

**dod i'r brig** dod i'r blaen *to come to the fore*

**o'r brig i'r bôn** o'r pen i'r gwaelod; yn gyfan gwbl *head to tail*

**brigo i'r cof / i'r meddwl** codi i'r wyneb; dod i'r cof *to come to mind*

**brigyn**

**cadw frigyn ir yn dy galon a daw'r adar i ganu eto** *let hope spring eternal in the human breast*

**brith**

**brith berthyn** perthyn o bell *distantly related*

**britho crimogau** eistedd yn (rhy) agos at y tân (nes cochi blaen eich coesau) *to toast one's knees*

**brithyllod**

**nid hawdd twyllo hen frithyllod** *you can't fool old stagers*

**bro**

**Y Fro Gymraeg** cadarnle(oedd) yr iaith Gymraeg

**'Digymar yw fy mro trwy'r cread crwn'** 'Adref', R. Williams Parry

**bron**

**o'r bron**

1. yn gyfan, i gyd *entirely*
2. un ar ôl y llall *consecutively*

**bryd**

   **rhoi fy mryd ar** rwy'n bwriadu *to set my mind on*

   **yn un fryd** fel un; yn unol *unanimous*

**brys**

   **mwyaf y brys, mwyaf y rhwystr** *more haste, less speed*

**brywes** bara ceirch mewn llaeth neu gawl

   **bys yn y brywes** gw. **bys**

**buan**

   **buan i'r wledd, buan i'r bedd** nid peth iach yw gorfwyta

**buchedd** bywyd rhinweddol; hefyd, teitl ar gofiant un o seintiau

   Oes y Saint *hagiography*

   **tafod a draetha, buchedd a ddengys** y ffordd y mae

   rhywun yn byw yn hytrach na'r hyn mae'n ei ddweud sy'n

   arwyddocaol

**budrelwa** elwa'n anghyfreithiol *to profit from a scam*

**budd**

   **ni bydd budd o ychydig** *no pain, no gain*

**bugail**

   'Pam, Arglwydd, y gwnaethost Gwm Pennant mor dlws, /

   A bywyd hen fugail mor fyr?' 'Cwm Pennant', Eifion Wyn

**bugeilio**

   **bugeilio'r brain** ceisio gwneud yr amhosibl *a waste of time
   and effort*

**bw**

   **heb ddweud na bw na be** heb yngan yr un gair *without
   saying a word*

**bwci bo** bwgan plant *scary spirit*

**bwcwl**

   **dod i fwcwl** dirwyn i ben yn llwyddiannus *to bring to a
   conclusion*

**bwch dihangol** yn ôl defodau'r Iddewon, cymerid dau fwch gafr,

   y naill i'w aberthu a'r llall i gymryd arno holl bechodau'r

   bobl, ac yna ei ollwng yn rhydd gerbron Duw mewn

   anialwch anghysbell *scapegoat*

**bwdram / bwdran** cymysgedd o fara a dŵr a blawd ceirch

**bwgan**

> **codi bwganod** codi ofnau dychmygol neu amheuon *to raise bugbears; to cry wolf*

**bwmbwr** plentyn â mwgwd dros ei lygaid yn ceisio dal plant eraill *blind man's buff*

**bwlch**

> 'Sefwch gyda mi yn y bwlch' *Buchedd Garmon*, Saunders Lewis

**bwrdd**

> **cadw bwrdd da** yn darparu bwyd da *to provide good food*

**bwrw**

> **a bwrw** a derbyn *assuming*
>
> **bwrw [amser]** (e.e. Sul, Nadolig) treulio *to spend (time)*
>
> **bwrw â'th unllaw, cynnull â'th ddwylaw** bydd yn ddarbodus wrth rannu, ond yn eiddgar wrth gasglu
>
> **bwrw angor** angori *to drop anchor*
>
> **bwrw amcan** amcanu; amcangyfrif *to estimate*
>
> **bwrw ati / iddi** mynd ati o ddifrif *to set about*
>
> **bwrw bai [ar]** rhoi bai ar *to put the blame on*
>
> **bwrw blew / plu** colli blew / plu *to moult*
>
> **bwrw blinder** dadflino *to recover*
>
> **bwrw dy fara ar wyneb y dyfroedd** ymadrodd beiblaidd; heddiw anogaeth i fentro (yn fasnachol) *to cast your bread on the waters*
>
> **bwrw fy mustl** cael gwared â'm tymer neu hwyliau drwg (ar rywun arall fel arfer) *to vent my spleen*
>
> **bwrw ffrwyth** mwydo *to brew*
>
> **bwrw heli i'r môr** gwneud rhywbeth hollol ddiwerth; iro blonegen; cario glo i'r Fflint *to carry coals to Newcastle*
>
> **bwrw iddi** mynd ati
>
> **bwrw llysnafedd** pardduo a difrïo rhywun *to slander someone*
>
> **bwrw oen / llo** geni oen / llo *to drop a lamb / calf*
>
> **bwrw / cnocio pennau at ei gilydd** gorfodi pobl i drafod [problem] gyda'i gilydd *to knock people's heads together*

**bwrw prentisiaeth** treulio cyfnod fel prentis *to serve an apprenticeship*

**bwrw'r draul** amcangyfrif cost *to estimate*

**bwrw'r Sul** treulio dydd Sadwrn a dydd Sul (penwythnos) *to spend the weekend*

**bwrw sen** difenwi; dilorni *to belittle; to revile*

**bwrw swildod** dod yn fwy hyderus; hefyd am yr hyn sy'n digwydd ar fis mêl *to embolden*

**bwrw ymlaen** cario ymlaen *to get on with*

**bwrw glaw**

    **bwrw cyllyll a ffyrc** bwrw hen wragedd a ffyn *raining cats and dogs*

    **bwrw fel o grwc** (gorllewin) glaw mawr

    **bwrw hen wragedd a ffyn** bwrw glaw'n drwm iawn *raining cats and dogs*

    **pystyllad / pistyllio'r glaw** bwrw glaw'n drwm iawn

    **stido / tresio bwrw** bwrw glaw'n drwm iawn

**bwyd**

    **bwyd llwy** rhywbeth addas i fabi *pap*

    **bwyd teiliwr** ystyrid nad oedd angen llawer o gynhaliaeth ar deiliwr gan nad oedd yn gwneud gwaith trwm; yn wir, o roi gormod o fwyd iddo, efallai y byddai'n ymgryfhau a thorri'r edau *dressmaker's food*

    **yn fwyd ac yn ddiod imi** yn gynhaliaeth; yn fodd i fyw *meat and drink to me*

**bwthyn**

    'Bwthyn heb fawr o bethau – a fu'n nef / I nain gynt a minnau' 'Bwthyn Nain', John Rowlands

**bwyell**

    **mae'r fwyell wrth wraidd y pren** mae'n argoeli'n ddrwg *it augurs badly*

**bwygilydd**

    1. **am flynyddoedd bwygilydd** *years on end*

    2. **ben bwygilydd** un ar ôl y llall *from end to end*

**bwystfil**

'Cadwn y mur rhag y bwystfil, / cadwn y ffynnon rhag y baw' 'Preseli', Waldo Williams; yng nghyd-destun gwarchod safonau Cymreictod a'n ffordd o fyw

**bwyta**

**bwyta bara seguryd** gw. **bara**

**bwyta fy ngeiriau** ddim yn ynganu'n glir *to retract; to eat my words; to mumble*

**bwyta gwellt fy ngwely** bod ar fy nghythlwng; bod mewn sefyllfa o dlodi mawr neu argyfwng *to be destitute*

**bwyta'r mêl o'r cwch** defnyddio'r hyn sydd wrth gefn at y dyfodol *to eat the seed-corn*

**bwyta uwd efo mynawyd** amhosibl cyflawni gwaith heb yr offer priodol *to undertake the impossible*

**nid yw'n bwyta nac yn yfed** nid yw'n costio dim i'w gadw

**bwytawr pechodau** rhywun a fyddai'n cael ei dalu i fwyta darn hallt o fara neu deisen oddi ar gorff neu arch y marw, a thrwy hynny gymryd arno bechodau'r sawl oedd wedi marw *sin-eater*

**bwytewch, yfwch, byddwch lawen** – mwynhewch (canys yfory marw fyddwn) *eat, drink and be merry (for tomorrow we die)*

**byd**

**allan o'm byd** nid yw'n faes cyfarwydd i mi *out of my depth*

**braf fy myd** mae bywyd yn garedig *well-off*

**byd a ddaw** yn dilyn marwolaeth *afterlife*

**byd a'r betws, y** pawb *the world and his wife*

**byd ar ben** argyfwng eithaf nad oes modd dianc rhagddo *the end of the world*

**byd ar ben a'r bobl ar ddwad** argyfwng munud olaf *last-minute crisis*

**byd caled** amgylchiadau didrugaredd byd busnes *a hard old world*

**byd o les** lles mawr *the world of good*

**byd sydd ohoni, y** pethau fel y maent *as things are*

**byd yn grwn, y yr holl fyd** *the whole wide world*

**cael / gwneud y gorau o'r ddau fyd** sef y byd hwn (y byd materol) a'r byd a ddaw (y byd ysbrydol) *to have the best of both worlds*

**dro byd yn ôl** cyfnod [maith] o amser yn ôl *some time ago*

**er y byd** am unrhyw beth *for the world*

**meddwl y byd** (o rywun neu rywbeth) hoffi'n fawr iawn; bod â meddwl uchel iawn o rywun *to think the world of*

**pedwar ban byd** gogledd, de, dwyrain a gorllewin; pob cwr o'r byd *the four corners of the earth*

**rhoi'r byd yn ei le** sgwrs foddhaus gyda chyfaill *to put the world to rights*

**byddar** trwm eich clyw, yn methu clywed

    **byddar bost** *deaf as a post*

**byr**

    **ar fyr o eiriau** heb ddweud llawer *briefly*

    **byr ei hun, hir ei hoedl** nid yw cysgu'n hir yn beth iach

    **byr feddwl wna hir ofal** *act in haste, repent at leisure*

**bys / bysedd**

    **ar flaen(au) fy mysedd** yn hollol gyfarwydd â *at my fingertips*

    **bys yn y brywes / potes** bod â rhan yn rhywbeth (yr awgrym yw tarfu) *to meddle, to have a finger in the pie*

    **codi'r bys bach** yfed diod feddwol *to tipple*

    **llosgi bysedd** dioddef ar ôl gwneud rhywbeth annoeth *to burn one's fingers*

    **pawb â'i fys lle bo'i ddolur** mae gan bawb boen a gofidiau *to touch a nerve*

    **rhoi bys ar rywbeth** dynodi'r union beth *to put your finger on it*

    **troi rhywun o gwmpas fy mys bach** gwneud fel y mynnaf â rhywun *to turn someone around my little finger*

**byth**

    **byth a beunydd / byth a hefyd** drwy'r amser; o hyd ac o hyd *all the time*

    **byth bythoedd / byth bythol** *for ever and ever*

**byw**

ar dir y byw yn fyw *in the land of the living*

byw a bod treulio'ch holl amser yn rhywle

yn byw ar drugaredd a gwynt y dwyrain yn byw ar y nesaf peth i ddim *living on fresh air*

byw ar gefn rhywun dibynnu ar rywun arall am gynhaliaeth *to live off someone*

byw ar ei gynffon yn lle ei ewinedd yn byw ar dwyll yn hytrach na gwaith caled *to live off one's wits*

byw fel ci a chath cweryla'n gyson *to fight like cat and dog*

byw fel ci a hwch byw fel ci a chath

byw fel cŵn a moch byw fel ci a chath

byw o'r bawd / llaw i'r genau crafu byw ar yr hyn sy'n digwydd bod ar gael *to live from hand to mouth*

byw tali dyn a dynes yn byw gyda'i gilydd heb briodi *living over the brush*

byw'n fain cael gwaith cadw dau ben llinyn ynghyd; byw ar ychydig *living on the breadline*

byw'n fras byw'n dda *to live off the fat of the land*

does dim byw na bod does dim dadl nad oes yn rhaid i hyn ddigwydd *nothing else will do*

Gobeithio byddi di byw byth a finne byw i dy gladdu di *may you live forever and may I be there to bury you*

methu byw yn fy nghroen gofidio; pryderu

modd i fyw rhywbeth (e.e. canmoliaeth, newyddion da) sy'n codi calon rhywun yn fawr *to be beside oneself with happiness*

os byw ac iach *God willing*

yn fy myw (mewn brawddeg negyddol) methu'n lân *for the life of me*

**byw²** darn hynod sensitif o'r corff (gewyn, llygad)

at y byw / i'r byw cyffwrdd â darn nad oes ganddo amddiffynfa na gorchudd; poenus *to the quick*

edrych / syllu i fyw llygaid rhywun wynebu rhywun [yn heriol] *to eyeball*

teimlo i'r byw cael loes mawr *to cut to the quick*

**bywyd**

'Bydd lawen yn dy fywyd, na fydd brudd; / A meithrin farn yn lle'r ffolineb sydd' 'Penillion Omar Khayyam', John Morris-Jones

'Duw biau edau bywyd / A'r hawl i fesur ei hyd' Daniel Ddu o Geredigion

'Dyn biau gadwyn bywyd / A'r hawl i'w thorri cyn pryd' Einion Evans

'Rhodd enbyd yw bywyd i bawb' *Siwan*, Saunders Lewis

**cacwn wyllt / gwyllt gacwn** yn gynddeiriog *hopping mad*
**cacynen**
> **fel cacynen mewn bys coch** yn llawn ffws a sŵn; fel beili mewn sasiwn *busy as a bee*

**cachiad**
> **mewn cachiad nico** mewn dim o dro *in a trice*

**cachu**
> **cachu ar eich crefft** *to quarrel with one's bread and butter*
> **cachu ar y gambren** gwneud cawl o bethau *to mess things up*
> **cachu'r gath yng ngwely'r cennin** gwneud cawl o bethau *to piss on one's chips*
> **cachu hwch** y math gwaethaf o gachu; cawlach *balls-up*
> **cachu planciau** bod ag ofn mawr *shitting bricks*
> **cachu yn ei nyth ei hunan** gwneud pethau'n wael iddo'i hun *cutting off his nose to spite his face*
> **fel cael cachu gan geffyl pren** *like getting blood out of a stone*
> **malu cachu** siarad dwli; rwdlan *to rabbit on*
> **wedi cachu arnaf** wedi canu arnaf *in deep shit*

**cadach**
> **cadach o ddyn / cadach llestri** un ofnus, ansicr *a wimp*
> **fel cadach coch i darw** rhywbeth sy'n cynddeiriogi rhywun; yn gaclwm gwyllt *like a red rag to a bull*

**cadarn**
> **cadarnach yw'r edau yn gyfrodedd** (wedi ei phlethu) y cryfder a geir wrth i bawb weithio gyda'i gilydd; mewn undeb mae nerth
> **cadarna'r mur po arwa'r graig** *the rougher the stone, the stronger the wall*
> 'pa fodd y cwympodd y cedyrn' mynegiant o dristwch a galar Dafydd ar ôl Jonathan a Saul yn y Beibl *how are the mighty fallen*

**cadi-ffan** dyn merchetaidd *an effeminate man*

**cadno**

    **hen gadno** rhywun cyfrwys, dichellgar *a cunning old fox*

    **mae'r cadno dan y cownter** awgrym bod pobl sy'n mynd
i hela'n gwneud hynny er mwyn codi'r bys bach yn fwy na
dal llwynogod

**cadw**

    **a gadwer, a geir wrth raid** dim ond i chi gadw rhywbeth yn
ddigon hir fe ddaw defnydd iddo

    **cadw ar glawr** cofnodi *to record*

    **cadw di dy ardd ac fe geidw dy ardd dithau** mae
buddsoddiad o waith caled yn dwyn elw

    **cadw draw** aros i ffwrdd, heb ddynesu *to stay away*

    **cadw'r drws ar agor** gw. **drws**

    **cadw dyletswydd** gwasanaeth teuluol *family devotion*

    **cadw ffwrn fach** cystadleuaeth cryfder rhwng dau [was
fferm] *a contest of strength*

    **cadw'r mis** arfer lle roedd aelodau capel, yn eu tro, yn gofalu
am weinidog a fyddai'n ymweld i bregethu *to entertain the
minister*

    **cadw ochr** bod o blaid *to side with*

    **cadw pen rheswm** rhesymu â rhywun *to reason with*

    **cadw sŵn** gwneud mwstwr; bod yn swnllyd *being noisy*

**cae**

    **cae nos / cae sgwâr** gwely *a bed*

    **ddim yn yr un cae** ddim yn haeddu cael ei gymharu
â rhywun *not in the same class*

**cael**

    **a geir yn rhad a gerdd yn rhwydd** ni roddir gwerth ar
rywbeth na thalwyd amdano *easy come, easy go*

    **cael a chael** bod yn agos iawn at fethu *to scrape through*

    **cael cam** gw. **cam**

    **cael clec** beichiogi *to become pregnant*

    **cael fy ngwynt ataf** gw. **gwynt**²

    **cael fy nhraed danaf** dechrau ymsefydlogi a symud heb

gymorth eraill, fel plentyn bach yn dechrau cerdded *finding my feet*

**cael fy nhraed dan y bwrdd** dechrau cael fy nerbyn fel un o deulu'r cariad *feet under the table*

**cael hyd i** darganfod ar ôl chwilio *to find*

**cael llond bol ar** syrffedu; cael hen ddigon *to have a guts-full*

**cael llonydd** peidio â chael eich poeni *to be left in peace*

**cael tafod / pryd o dafod** derbyn cerydd *to feel the edge of someone's tongue; cold tongue for supper*

caer

Caer Arianrhod y Llwybr Llaethog gw. **Arianrhod**

**Caer Wydion** enw arall ar y Llwybr Llaethog, yr alaeth yr ydym yn rhan ohoni *The Milky Way*

caethgyfle cyfyng-gyngor *to be in crisis*

caff gwag ymdrech aflwyddiannus, ddiganlyniad *an unsuccessful attempt*

cangen

**cangen haf** polyn a ffrâm addurnedig a fyddai'n cael ei dywys o gwmpas ardal i gasglu arian. **Cadi Haf** yw'r prif gymeriad adeg dawnsio â'r gangen haf

**cangen haf** disgrifiad o ferch ddiog, ddidoreth *useless baggage*

**fel cangen Mai** wedi gwisgo'n drwsiadus *dressed up like a dog's dinner*

Cain

**nod Cain** arwydd o fod yn llofrudd, o hanes Cain yn lladd ei frawd, Abel, yn y Beibl *the mark of Cain*

calchen

**mor wyn â'r galchen** yn welw iawn *as white as a sheet*

calon

**agos at fy nghalon** rhywbeth sy'n annwyl iawn *close to my heart*

**a'm calon yn fy esgidiau** yn drwmgalon; yn drist ac yn ofnus *to feel down-hearted*

**a'm calon yn fy ngwddf** yn ofnus iawn *heart in my mouth*

**calon y gwir** craidd y mater *the heart of the matter*

**clywed ar fy nghalon** teimlo awydd gwneud *to feel the need to*

**codi calon rhywun** cysuro; gwneud yn fwy gobeithiol *to cheer someone up*

**o eigion calon** yn ddidwyll iawn *from the depths of the heart*

**teimlo ar fy nghalon** teimlo rheidrwydd i wneud rhywbeth *to feel obliged*

**'Ti wyddost beth ddywed fy nghalon'** datganiad o gariad, o gerdd gan Ceiriog

**torri calon**

1. anobeithio'n llwyr, achosi i anobeithio
2. beichio llefain

**wrth fodd calon** yn bles iawn; yn hapus

**call**

**callaf dawo / dewi** taw piau hi *least said, soonest mended*

**ddim yn gall** yn wallgof *off his head*

**hanner call a dwl** rhywun gwyllt, difeddwl *half-baked*

**mae'r calla'n colli weithiau** does neb yn berffaith *no-one's perfect*

**pan gyll y call, fe gyll ymhell** pan fydd rhywun galluog yn gwneud camgymeriad, mae'n tueddu i fod yn gamgymeriad mawr iawn; bydd dyn o bwys yn suddo'n ddyfnach i gors na dyn cyffredin

**Callia! / Calliwch!** (gogledd) ebychiad ar rywun i fod yn fwy synhwyrol; Pwylla! / Pwyllwch!

**cam** anghyfiawnder

**ar gam** yn anghyfiawn neu'n annheg *falsely*

**cael cam** cael eich trin yn anghyfiawn *to be unjustly treated*

**edrych yn gam ar rywun** gw. edrych

**yn gam neu'n gymwys** bid hynny fel y bo; er gwell, er gwaeth *rightly or wrongly*

**cam²** pellter un cerddediad

**cam bras** cam mawr *a great stride*

**cam a cham / cam wrth gam** fesul cam *step by step*

**camau breision** ffurf luosog cam bras *great strides*

**cam gwag** camgymeriad *a false step*

**ceir llawer cam gwag trwy sefyll yn llonydd** y mae peidio â phenderfynu'n waeth na phenderfynu'n anghywir weithiau

**camel**

**haws i gamel fynd drwy grau nodwydd** ymadrodd beiblaidd am rywbethna ellir ei gyflawni *it is easier for a camel to go through the eye of a needle*

**camp**

**camp a rhemp** y gwych a'r gwachul *from the sublime to the gorblimey*

**lle bydd camp bydd rhemp** lle y ceir y gwych fe geir y gwachul hefyd *no beauty without decay*

**tan gamp** rhagorol *excellent*

**cân**

**mae'r gân wedi tewi** mae rhywun wedi marw

'**Y llwybrau gynt lle bu'r gân / Yw lleoedd y dylluan**' 'Llys Ifor Hael', Ieuan Brydydd Hir

**canfed**

**ar ei ganfed** canwaith cymaint; elwa'n fawr iawn *in spades*

**canlyn march / stalwyn** mynd â march o fferm i fferm adeg cyfebru

**canmol**

**canmol dy fro a thrig yno** *praise thy home and dwell therein*

**canmol i'r cymylau** clodfori'n fawr *to praise to the skies*

**cannwyll**

**cannwyll gorff** goleuni sy'n dechrau yn y tŷ lle y bydd rhywun yn marw ac yn dilyn llwybr y cynhebrwng (ofergoel)

**cannwyll llygad**

1. y cylch du ym myw'r llygad *pupil (eye)*

2. rhywun neu rywbeth annwyl iawn *the apple of my eye*

**cadw / cuddio / dodi cannwyll / goleuni dan lestr** ymadrodd beiblaidd yn wreiddiol. Cuddio dawn; bod yn swil o ddangos gallu arbennig neu dalent *to hide one's light under a bushel*

**gorau cannwyll, pwyll i ddyn** gwell peidio â rhuthro i gasgliad *don't rush to conclusions*

**llosgi'r gannwyll yn y ddau ben** codi'n gynnar i weithio a gweithio wedyn tan yn hwyr *to burn the candle at both ends*

**canol llonydd** y canol yn deg *dead centre*

**cant a mil** llawer iawn *a hundred and one*

**cantoedd**

**ers cantoedd** ers hydoedd *for ages*

**canu**

**Cân di bennill fwyn i'th nain, fe gân dy nain i tithau** *you scratch my back and I'll scratch yours*

**canu crwth i fyddar** gweithred ddibwrpas *a waste of time and effort*

**canu cywydd y gwcw** rhygnu ar yr un hen dôn gron *to go on and on about*

**canu'n iach** dweud ffarwél *to bid farewell*

'Canu wnaf a bod yn llawen

Fel y gog ar frig y gangen,

A pheth bynnag ddaw i'm blino,

Canu wnaf a gadael iddo.' Traddodiadol

'Canwn fawl, yn awr, i wŷr o fri' Llyfr Ecclesiasticus

**cer / dos i ganu** cer o 'ma; cer i grafu *go to hell*

**wedi canu arnaf** does dim ar ôl y gallaf ei wneud *I'm sunk*

**cap / capan**

**gwisga'r cap os yw'r cap yn ffitio** os yw'r cyhuddiad yn wir, rhaid cydnabod hynny *if the cap fits, wear it*

**capan cornicyll** *a dunce's hat*

**capel gwyn** gwely (lle y byddai rhai'n treulio'u hamser yn hytrach na mynd i'r capel ar fore Sul) *a bed*

**carchar crydd** esgidiau sydd yn rhy dynn *shoes which are too tight*

**Cardi**

1. brodor o Geredigion

2. rhywun sy'n ymwybodol o werth pob ceiniog (fel y mae'r Cardi traddodiadol)

**cardod**

'Nid cardod i ddyn – ond gwaith / Mae dyn yn rhy fawr i gardod' Elfed

**careiau**

**tynnu rhywun / rhywbeth yn dipiau / yn gareiau** beirniadu rhywbeth yn hallt (syniad, barn) a'i racsio; tynnu'n ddarnau *to rip to shreds*

**cariad**

**cariad ni ŵyr feio, cas ni ŵyr canmol** welwn ni ddim bai yn rhywun rydyn ni'n ei garu, ond welwn ni ddim rhinwedd yn rhywun dydyn ni ddim yn ei hoffi

'Ond cariad pur sydd fel y dur, / Yn para tra bo dau' Anhysbys

**trwy gicio a brathu mae cariad yn magu** *love grows in adversity*

**cario**

**cario clecs / straeon** adrodd hanes rhywun *to tell tales*

**cario dŵr dros afon** cyflawni gwaith di-fudd *to carry coals to Newcastle*

**cario'r dydd / maes** trechu *to carry the day*

**cario'r gath** plethu eich breichiau *to fold your arms*

**carn**

**i'r carn** pob rhan o'r cleddyf, o'r llafn hyd y dwrn; yn drosiadol, pob rhan o rywun, e.e. Cymro i'r carn *to the hilt*

**carreg**

**carreg ateb** rhywbeth sy'n ailadrodd; **carreg atsain** *an echo stone*

**carreg filltir** digwyddiad arwyddocaol mewn bywyd *a milestone*

**carreg las** llechen

**ergyd carreg** ymadrodd beiblaidd yn dynodi pellter; hefyd **tafliad carreg** *a stone's throw*

**gofala fod carreg dy ddrws dy hun yn lân cyn taflu baw at neb arall** *people who live in glass houses shouldn't throw stones*

**mae angen sawl math o garreg i godi wal** *it takes all sorts*

**cart**

moelyd y cart troi'r drol; gwneud llanast o bethau *to make a complete mess of things*

rhoi'r cart o flaen y ceffyl gwneud pethau yn y drefn anghywir *to put the cart before the horse*

**cartref**

'Does unman yn debyg i gartref *there's no place like home*

'Hen le bendigedig yw cartref' 'Cartref', Mynyddog

**caru**

caru'r deryn er mwyn y nyth priodi i mewn i deulu am gyfoeth yn fwy na chariad

caru'r encilion osgoi sylw cyhoeddus *to shun the limelight*

caru yn y gwely yn y 18fed a'r 19eg ganrif, os oedd gwas a morwyn yn canlyn, dim ond i'w hystafell hi y caent fynd. Gan mai gwely oedd yr unig ddodrefnyn ynddi fel arfer, roedd yn dderbyniol i'r cwpl ddiosg eu hesgidiau a sgwrsio gan orwedd ar y gwely, nid ynddo, yn eu dillad. Roedd hwn yn arfer cyffredin ac nid oedd yn pardduo enw da'r ferch

**cas** *annymunol*

cas yw'r dyn a ddywedo lawer ac ni wrando ar neb *woe be he who preaches at all and listens to no-one*

mae'n gas gen i rwy'n casáu *I can't stand*

**cas²** y corff

cas cadw golwg allanol (dyn neu anifail) *outward appearance*

cas da golwg borthiannus *prosperous appearance*

casáu â chas perffaith *to hate wholeheartedly*

**caseg**

brathu'r gaseg wen yn ei chynffon lledaenu straeon sydd ddim yn wir

caseg eira pelen o eira sy'n tyfu wrth ei rholio yn yr eira

caseg fedi ysgub olaf y cynhaeaf *the last wheatsheaf*

**cast** arferiad gwael *bad habit*

anodd tynnu cast o hen geffyl *a leopard doesn't change its spots*

codi cast datblygu arferion gwael *to pick up bad habits*

**castell**

**castell pawb ei dŷ** *every man's home is his castle*

**adeiladu cestyll yn yr awyr** cynllunio pethau hollol anymarferol; breuddwyd gwrach *to build castles in the air*

**cestyll duon** pentyrrau o gymylau duon *cumulus*

**cath**

**blingo'r gath hyd ei chynffon** gwario arian ar oferedd heb falio am y canlyniadau *to blow savings*

**cael cathod bach** cael llond twll o ofn *to have kittens*

**chwipio'r gath** teiliwr yn yr hen amser yn teithio o dŷ i dŷ *to work as a travelling tailor*

**da gan gath bysgodyn, ond cas ganddi wlychu ei thraed** hoffi'r canlyniad ond heb fod yn barod i wneud y gwaith *to like the results, but not the work*

**dandwn y gath** sefyll â breichiau ymhlyg *standing with folded arms*

**fel cath i gythraul** yn wyllt o gyflym *like a bat out of hell*

**gollwng y gath o'r cwd** datgelu cyfrinach *to let the cat out of the bag*

**naw byw cath** y gred fod cath yn medru dianc rhag angau naw gwaith

**prynu cath mewn cwd** mentro prynu rhywbeth heb ei weld, sydd fel arfer yn arwain at siom *to buy a pig in a poke*

**troi'r gath yn y badell** newid testun y sgwrs er mwyn osgoi gorfod penderfynu

**cau**

**cau'r drws yn fy nannedd** cau'r drws yn fy wyneb *to slam the door in my face*

**Cau dy ben! / geg! / lap! / hopran!** Bydd dawel! *Shut up!*

**cau dy geg dy hun ac mi gaei di geg pawb** *look first to yourself*

**cau llygaid** dewis peidio â gweld rhywbeth er mwyn osgoi'r gwir *to turn a blind eye*

**cau pen y mwdwl** dod â rhywbeth i ben yn ddestlus *to wrap up*

**cawell**

    **cael cawell** cael siom, yn arbennig siom mewn cariad
    *to come unstuck*

**cawl**

    **cawl eildwym** rhywbeth sydd wedi cael ei ystyried
    o'r blaen ond sy'n cael ei gyflwyno fel rhywbeth newydd
    *to rehash*
    **cawl eildwym yn ffeinach** mae cariad o gael ei ailgynnau yn
    fwy dwys
    **dim tewach fy nghawl** heb fod tamaid yn well *no better off*
    **gwneud cawl o rywbeth / bod mewn cawl** creu dryswch;
    gwneud stomp o bethau *to make a hash of*
    **rhyngot ti a'th gawl** dy fusnes di yn unig yw hwnna *it's up*
    *to you*

**cawnen**

    **gwell plygu fel cawnen na chwympo fel derwen** gwell
    bod yn hyblyg nag yn rhy styfnig yn wyneb helbulon
    bywyd

**cefn**

    **a'm cefn at y mur** wedi cyrraedd y pen eithaf heb unman i
    ddianc iddo *[to have my] back to the wall*
    **ar wastad fy nghefn** wedi fy llorio; wedi fy nhrechu *flat on*
    *my back*
    **bod yn gefn i rywun** bod yn gynhaliaeth ac yn gymorth
    *to offer (moral) support*
    **cadw cefn rhywun** *to have someone's back*
    **cael cefn rhywun** gweld bod rhywun yn mynd neu wedi
    mynd *to see the back of someone*
    **cael fy nghefn ataf** cael cyfle i adfer nerth *to recover*
    **cefn trymedd nos** pan fydd y nos dywyllaf *dead of night*
    **cefn dydd golau** mewn golau dydd *in broad daylight*
    **cefngefn** cefn wrth gefn *back-to-back*
    **cefn gwlad** *countryside*
    **curo cefn rhywun** cymeradwyo am waith da a gyflawnwyd
    *to give someone a pat on the back*

**wrth gefn** rhywbeth wedi ei gadw i'r naill ochr ar gyfer argyfwng neu gyfnod o brinder *in reserve*

**yng nghefn rhywun** *behind someone's back*

**ceffyl**

**ceffyl blaen** y cyntaf o ddau neu ragor o geffylau gwedd; un sy'n gwthio'i hunan i'r blaen neu nad yw'n barod i gydweithio oni bai ei fod ar y blaen i bawb arall *the front runner*

**ceffyl da yw ewyllys** *where there's a will, there's a way*

**ceffyl glas** ceffyl llwyd

**ceffyl parod** rhywun sydd wastad yn barod i helpu *a willing horse*

**ceffyl pren** gŵr, neu ddelw o ŵr, oedd wedi ei ddal yn godinebu, a fyddai'n cael ei gludo o gwmpas y pentref fel cosb

**fel ceffyl** rhywun cryf *strong as a horse*

**fel ceffyl preimin** wedi ei wisgo'n drwsiadus *in his best rigout*

**gyrru ceffyl a throl trwyddo** bwlch mawr (mewn clawdd neu ddadl) *to drive a horse and cart through it* (*literally and metaphorically*)

**mynd ar gefn fy ngheffyl** yn pregethu ac yn dwrdio mewn ffordd hunangyfiawn *on my high horse*

**ceffylau bach**

1. gêm lle mae un plentyn yn reidio ar gefn plentyn arall *piggy-back*

2. rowndabowt mewn ffair *carousel*

**ceg**

**ceg gam** golwg sarhaus *to sneer*

**ceg y byd** testun siarad *the subject of common talk*

**ceg yn geg** siarad yn agos iawn â'i gilydd *talking intimately*

**gwneud ceg gam** pwdu, fel arfer yn achos plentyn *to sulk*

**hen geg** rhywun sy'n orhoff o siarad a chario clecs *tell-tale tit*

**ceibio** cloddio â chaib; hefyd am unrhyw dasg sy'n gofyn am gryfder ac ymroddiad

**Siwd mae'n ceibo?** (de-orllewin) Sut mae pethau'n mynd?

**ceiliog**

ar ganiad y ceiliog yn fore iawn *at cock-crow*

cam ceiliog cam bach iawn, e.e. y dydd yn ymestyn fesul cam ceiliog

cân pob ceiliog ar ei domen ei hun *cock of the walk*

cawr pob ceiliog ar ei domen ei hun mae pob dyn yn fawr yn ei gynefin

ceiliog bantam rhywun bach, ymosodol, sy'n barod i ymladd *bantam cock*

ceiliog dandi rhywun sy'n hoff o ddangos ei hun *a dandy*

fel ceiliog gwynt rhywun anwadal, oriog *flighty*

torri crib ceiliog darostwng balchder rhywun *crestfallen*

**ceilliau ci**

yn sgleinio fel ceilliau ci yn yr haul ymddangos yn drwsiadus *shining like the dog's bollocks; like a dog's dinner*

**ceiniog**

ceiniog a dimai

1. yn dda i ddim *tu'penny ha'penny; two-bit*

2. yn ddrud *this cost a pretty penny*

Siôn llygad-y-geiniog cybydd; rhywun sy'n or-gynnil â'i arian *Scrooge*

**celwydd**

celwydd golau anwiredd diniwed *white lie*

celwydd pennaf, hanner y gwir *the biggest lie is a half truth*

straeon celwydd golau straeon ffantasïol *fantastical tales*

**celwyddau**

palu / rhaffu celwyddau dweud celwyddau heb ball *to lie through one's teeth*

sgothi celwyddau lledu celwyddau *to spread lies*

**cenedl heb iaith, cenedl heb galon**

**cerdded**

amser / cloc yn cerdded yn symud yn ei flaen

ar gerdded ar waith *afoot*

cerdded wrth fy mhwysau cerdded yn araf, heb ruthro *to saunter*

**cerrig**

cerrig bach gêm yn cynnwys taflu pump o gerrig bach i'r awyr a cheisio'u dal ar gefn eich llaw *knuckle stones*

**cesail**

yng nghesail y mynydd yng nghysgod y mynydd *nestling in the mountain*

**ceulan**

tan y geulan mae'r pysgod gorau ateb dyn o gael ei gyhuddo o fagu tipyn o fol

**cewri**

'Cewri oedd ar y ddaear y dyddiau hynny' hiraeth am ddyddiau a fu. Llyfr Genesis

cewri ymhlith plant, plant ymhlith dynion athrawon *a man amongst children, a child amongst men (of a teacher)*

**ci**

byw fel ci a hwch cweryla drwy'r amser

cadw ci a chyfarth dy hunan methu trosglwyddo cyfrifoldeb i rywun arall sy'n cael ei gyflogi i wneud y gwaith *to keep a dog and bark yourself*

ci a aiff / grwydra a gaiff bydd rhywun sy'n barod i fynd i chwilio am fargen yn dod o hyd i un

ci bach / ci rhech rhywun sy'n was bach; ymgreiniwr. Yn ôl y sôn, byddai teuluoedd bonedd yn cadw nifer o gŵn bach, a phe bai un o'r cwmni bonheddig yn digwydd taro rhech, un o'r cŵn bach fyddai'n cael y bai a'i anfon o'r ystafell *lap-dog*

ci / cŵn tawel sy'n brathu / cnoi *it's always the quiet ones*

y ci a gwyd a gyll ei le

cysgu ci bwtsiwr / cysgu llwynog esgus cysgu, fel y byddai ci bwtsiwr yn ymddangos ynghwsg ond yn barod i neidio at unrhyw ddarn o gig a ddigwyddai gwympo *to sleep with one eye open*

gormod o bwdin dagith gi mae cael gormod, hyd yn oed o beth da, yn gallu gwneud drwg

**ciando** (gogledd-orllewin) gwely *a bed*

**cic i'r post / taro'r post i'r pared** glywed tynnu sylw rhywun at

45

rywbeth, gan wneud yn siŵr fod y person na allwch ddweud
wrtho'n uniongyrchol hefyd yn clywed *to drop a hint*

**cicio**

**cicio dros y tresi** gwrthod cydymffurfio; gwrthod ufuddhau
i'r drefn *to kick over the traces*

**cicio nyth cacwn** gwneud neu ddweud rhywbeth sy'n ennyn
ymateb chwyrn, pigog *to stir up a hornets' nest*

**cicio sodlau** lladd amser heb ddim i'w wneud *kicking one's
heels*

**cig**

**cig a gwaed** rhywun go iawn, nid cymeriad mewn ffuglen
*flesh and blood*

**cig gwyn** braster *fat*

**cil**

**awgrym cil llygad** hanner amrantiad o awgrym *tipping the
wink*

**cil haul** yn y cysgod *in the shade*

**cil y llygad** congl y llygad *the corner of one's eye*

**cildwrn**

1. rhodd ariannol ar ben tâl am wasanaeth penodol, e.e.
pryd o fwyd, trin gwallt *a tip*

2. rhywbeth (arian fel arfer) a ddefnyddir i lwgrwobrwyo
*a bung; a bribe*

**cilfach**

'Rhowch i mi gilfach a glan, / Cilfach a glan a marian i mi.'
'Myfyrdod', Gwenallt

**cipyn a chapan** eiddo *lock, stock and barrel*

**clai yn llaw'r crochenydd** ymadrodd beiblaidd

1. bywyd dyn yn nhrefn Duw neu Ffawd *resigned to one's fate*

2. rhywun hawdd iawn dylanwadu arno *like putty*

**clamp o** un mawr iawn *a great big ...*

**clatsio** (gorllewin) ymladd, taro, ymrafael *to fight*

**Clatsia bant!** Bwriwch ati! *Off you go!*

**clawdd**

**cymydog da yw clawdd** mae perchenogion y ddwy ochr

yn deall yn union pwy biau beth *good hedges make good neighbours*

**tu clytaf i glawdd** ochr gysgodol, orau i'r clawdd *the leeward side of the fence*

**cleddyf daufiniog** yn drosiadol, penderfyniad neu bolisi sy'n gallu gweithio o blaid ond hefyd yn erbyn y rhai sy'n ei gymryd *a double-edged sword*

**cleisiau dan y llygaid** arwydd o flinder *shadows under the eyes*

**clensio** y broses o fwrw hoelen nes bod y pen blaen yn dod i'r golwg ac yna plygu'r blaen fel na ddaw'r hoelen allan yn rhwydd

**clensio cenadwri** sicrhau nad yw'r neges yn mynd i ollwng ei gafael *to hammer home a message*

**cloch**

**cloch ar bob dant** am rywun swnllyd, siaradus *a bell in every tooth*

**cloch yr ymadrodd** y darn bach o groen sy'n crogi yng nghefn y gwddf *uvula*

**codi ei gloch** codi llais *to raise his voice*

**gwybod faint o'r gloch yw hi** gwybod yn iawn lle mae pethau arni, beth yw'r sefyllfa *to know how things are*

**uchel ei gloch** swnllyd; i'w glywed ym mhob man *loudmouth*

**clod**

**er clod** gan dalu clod priodol *to his credit*

**pob clod i** clodforwch *all praise to*

**seinio fy nghlodydd fy hun** ymffrostio; fy nghanmol fy hun *to blow my own trumpet*

**cloffi**

**cloffi rhwng dau feddwl** bod yn ansicr *to be in two minds*

**clun**

**o glun i glun** ffordd o symud ag osgo o ochr i ochr *to waddle*

**clust**

**a'm clust at y ddaear** yn effro am unrhyw awgrym o newyddion *to keep my ear to the ground*

**'bach yn ysgafn rhwng y ddwy glust** rhywun nad yw'n alluog iawn *a bit light between the ears*

**i mewn trwy un glust ac allan drwy'r llall** ddim yn gwrando; fel hwch mewn haidd *in through one ear and out through the other*

## clustiau

**clustiau'n cosi** am fod rhywun yn siarad amdanoch *my ears are burning*

**clustiau hwyliau** clustiau mawr *big ears*

**dros ben a chlustiau [mewn cariad]** yn gyfan gwbl, yn llwyr *head-over-heels [in love]*

**i fyny at / hyd at fy nghlustiau** am ddyled *up to my neck in debt*

**mae clustiau gan gloddiau a llygaid gan berthi** dim ond sibrydiad o stori sydd ei angen ac fe fydd pawb yn gwybod *even the walls have ears*

**mae clustiau mawr gan foch bach** rhybudd rhag datgelu pethau yng ngwydd y plant *little pigs have big ears*

**methu credu fy nghlustiau** wedi clywed stori anhygoel; anodd credu fod rhywun wedi dweud y fath beth *couldn't believe my ears*

## clwydo

**mynd i glwydo** mynd i'r gwely *to go to bed*

## clwt

**ar y clwt** wedi ei daflu i'r naill ochr; yn ddi-waith *on the scrap-heap; out of work*

**gwell clwt na thwll** mae rhywbeth yn well na dim *better a patch than a hole*

## clywed

**clywed arogl** arogli *to smell*

**clywed blas** blasu *to taste*

**clywed y defnydd yn fras dan fy mysedd** *to feel*

**clywed y gog** byw nes daw'r gwanwyn *to live to see springtime*

**cyntaf clyw, hynny yw** y cyntaf i arogli rhech yw'r un a'i trawodd *who smelt it, dealt it.* Yr ateb i'r cyhuddiad hwn yw: **yr ail a glywodd, hwnnw rechodd**

**cnapan** ffurf werinol ar bêl-droed, tebyg i bando. Chwaraeid rhwng dau blwyf, amrywiai nifer y dynion ym mhob tîm ac nid oedd rheolau pendant

**cneifio mochyn** llawer o sŵn ac ymdrech heb fawr i ddangos amdanynt *a waste of time and effort*

**cnoi cil**

1. yr hyn y mae gwartheg yn ei wneud wrth godi bwyd o'r stumog i'w ail-gnoi *to ruminate*

2. yn ffigurol, treulio amser yn ystyried rhywbeth yn ofalus

**cnu hen ddafad farw** arian a etifeddwyd ar ôl rhywun *inherited wealth*

**coc oen** dyn neu lanc aneffeithiol sy'n ymddwyn fel ffŵl *dickhead*

**cocyn hitio** targed i daflu sen ato a'i feirniadu *a target*

**cochl** clogyn neu fantell

**dan gochl** tan fantell; ynghudd mewn ffordd dwyllodrus *cloaked; under cover of*

**codi**

**cael fy nghodi** derbyn fy magwraeth *to be raised*

**codi ar ei draed ôl** codi llais dros hawliau *to stand up for*

**codi cyfog** gwneud i rywun deimlo fel chwydu *to make someone feel sick*

**codi dau fys** arwydd o fygythiad a gwawd *to raise two fingers; to defy*

**codi gwallt fy mhen** dychryn *to make my hair stand on end*

**codi i ben rhywun** gwneud i'r pen droi *to go to one's head*

**codi pac** casglu eiddo a symud i ffwrdd *to move out*

**codi pais ar ôl piso** gweithredu'n rhy hwyr *to bolt the stable door after the horse has fled*

**codi sgwarnog** tynnu testun amherthnasol i ddadl (er mwyn tarfu arni) *a red herring*

**codi stêm** mynd yn gynt; yn drosiadol, mynd i hwyl *to build up a head of steam*

**codi twrw** gwneud sŵn mawr *to create a disturbance*

**coed**

**dod at fy nghoed** callio; ymddwyn yn briodol *to come to my senses*

**methu gweld y coed gan brennau** methu gwahaniaethu rhwng y gwahanol elfennau mewn sefyllfa; yn gymysglyd *can't see the wood for the trees*

**coedd**

**ar goedd / ar goedd gwlad** yn gyhoeddus, fel bod pawb yn gwybod *made public*

**coel gwrach ar ôl bwyta uwd** coel gwlad *an old wives' tale*

**coelbren**

**bwrw coelbren** arfer yr Iddewon o ddewis darn o bren ar hap er mwyn dod i benderfyniad (gan dderbyn fod Duw'n rhywle y tu ôl iddo); heddiw, arwydd fod penderfyniad wedi ei wneud *to cast lots*

**coes**

**coes glec** coes bren *peg-leg*

**coesau bachau crochan** coesau cam *bow-legged*

**coesau robin goch** coesau main, tenau *legs like matchsticks*

**cymryd y goes** rhedeg i ffwrdd; dianc *to leg it*

**heb goes i sefyll arni** yn ddi-sail *without a leg to stand on*

**hen goes** hen gyfaill *an old mate*

**tynnu coes** gwneud sbort; chwarae cast ar rywun *to pull someone's leg*

**cof**

'A feddo gof a fydd gaeth, / Cyfaredd cof yw hiraeth' 'Tir na n-Og', T. Gwynn Jones

**ar gof a chadw** wedi ei gofnodi *on record*

**brith gof** atgof gwan, ansicr *a faint memory*

**cadw mewn cof** cofio; ystyried *to bear in mind*

**co' bach** *memory stick*

**cof byw** cofio'n glir iawn *a clear memory*

**cof eliffant** cof da iawn *a memory like an elephant*
**cof plentyn** *a childhood memory*
**dwyn i gof** cofio *to bring to mind*
**er cof** mewn coffadwriaeth *in memoriam*
**er cyn cof** erioed *since time immemorial*
**gadael / gollwng dros gof** anghofio *to forget*
**galw i gof** cofio; atgofio *to recall*
**Gorau cof, llyfr**
**mynd o'm cof** gwylltio; cythruddo *to lose it*
**cofio**
    **cofio at** anfon cyfarchion *to send regards to*
    'I gofio am y pethau anghofiedig / Ar goll yn awr yn llwch
    yr amser gynt' 'Cofio', Waldo Williams
**coflaid** llond breichiau; cwtsh *an armful; a hug*
    **coflaid fach a honno'n dynn** gwell yw ychydig o rywbeth y
    gofelir amdano na llawer o rywbeth sy'n cael ei wastraffu
**coffa**
    **coffa da am** canmol un sydd wedi marw *of blessed memory*
    **er coffa** er cof *in remembrance*
**cog / y gog / y gwcw**
    **fel y gog** hapus; sionc *bright-eyed and bushy-tailed*
**colofn yr achos** cefnogwr brwd *a stalwart*
**colled**
    **ar fy ngholled** wedi colli arian *worse off*
**colli**
    **colli arnaf fy hun** mynd i dymer; drysu neu gymysgu *to lose it*
    **colli pen yn lân** gwylltio'n gaclwm *to lose one's head completely*
    **colli pen y llinyn** methu dilyn rhediad rhesymegol
    trafodaeth neu ddadl *to lose the thread*
    **colli'r dydd / maes** colli'r frwydr; cael eich gorchfygu *to lose*
    *the day*
    **colli tir** gorfod ildio, gwanychu *to lose ground*
    'Y rhwyg o golli'r hogiau' am y milwyr a laddwyd yn y
    Rhyfel Byd Cyntaf, 'Ar Gofadail', R. Williams Parry
**[pob] copa walltog** pawb yn ddiwahân *every single one*

**corff**

cadw corff ac enaid ynghyd cadw'n fyw heb lwgu *keeping body and soul together*

corff, cyrn a charnau popeth *lock, stock and barrel*

yng nghorff y dydd mewn golau dydd; diwedd y bore, dechrau'r prynhawn *daytime*

**corn**

ar gorn oherwydd *because of*

ar fy nghorn fy hun heb gymorth neb arall *off my own bat*

meistr corn meistr llwyr *a complete master*

**cors**

1. cors anobaith cyfnod hir o iselder ysbryd; un o'r rhwystrau mae'n rhaid i Gristion eu gorchfygu yn y gyfrol *Taith y Pererin* gan John Bunyan *Slough of Despond*

2. cors o annwyd annwyd trwm iawm

**corun**

o'm corun i'm sawdl o'r pen i'r gwaelod, pob modfedd *from top to toe*

costied a gostio beth bynnag yw'r pris, rhaid ei gael / ei wneud *cost what it may*

**cot**

cot din-fain cot gynffon hir *a tail-coat*

rhoi cot fawr am ddyn sydd wedi gwlychu ei draed cynnig meddyginiaeth nad yw'n ateb y diben

**cownt**

ar gownt oherwydd, ar gyfrif *on account of*

cael cownt cael hanes *to be given an account of*

setlo cownt rhywun delio â nhw unwaith ac am byth; yn dafodieithol, talu dyled (gan amlaf mewn siop) *to settle his account*

setlo hen gownt talu'r pwyth am hen gam a gafwyd *to pay off old debts*

**crach / crachen**

codi crach / hen grach atgyfodi hen gynnen; agor hen friw *to reopen old wounds*

**crafaglach** a **crimbil** epil trafferthus y Tylwyth Teg a fyddai'n cael
ei adael ganddynt yn lle babi go iawn *changeling*

**crafu**

**Cer / dos i grafu [dy fol efo 'winedd dy draed]**! Cer o 'ma!;
Bagla hi o 'ma! *Get lost!*

**crafu gwaelod y gasgen** cyrraedd y man isaf *to scrape the
bottom of the barrel*

**crafu pen** bod mewn penbleth *to be puzzled*

**crafu tin** ymgreinio *to suck up to*

**fel y crafa'r iâr y piga'r cyw** rhieni'n dysgu plant trwy
esiampl *like mother/father, like daughter/son*

**craig**

**craig o arian** cyfoethog iawn *filthy rich*

**Craig yr Oesoedd** disgrifiad o Iesu Grist *Rock of Ages*

**y graig y naddwyd ni ohoni** balchder yn nhraddodiad a
diwylliant pobl neu genedl *the rock from which we're hewn*

**crap**

**cael crap ar rywbeth** deall rhywfaint *to have a grasp of*

**cregyn**

'**Os cregyn gweigion sydd yn y sach, / cregyn ddaw allan,
bobol bach**' Mynyddog

**criaw'r crewyn** dathlu casglu'r llwyth olaf i'r ydlan *harvest
celebrations*

**crib mân** mynd trwy rywbeth yn fanwl *to go through something
with a fine-tooth comb*

**cris croes tân poeth, torri 'mhen a'm dwy goes** llw *cross my
heart and hope to die*

**croen**

**blingo croen y dafad farw** *to live on capital (not the interest)*

**croendenau** sensitif iawn i feirniadaeth *thin-skinned*

**croenddu** *black-skinned*

**croen ei din ar ei dalcen** rhywun mewn hwyliau drwg
*knickers in a twist*

**croen gŵydd** lympiau bach ar y croen yn arwydd o oerfel /
ofn *goose-pimples*

53

**croenwyn** *white-skinned*

**dim ond croen ac asgwrn** yn boenus o denau *only skin and bones*

**mae crys yn agos ond y mae croen yn nes** y gwahaniaeth rhwng cyfaill a pherthynas *blood is thicker than water*

**methu byw yn fy nghroen** wedi fy nghyffroi i'r fath raddau na allaf aros yn llonydd *itching with excitement*

**mynd dan groen** cyffwrdd â'r teimladau mewn ffordd sy'n blino *to get under the skin*

**nid yw yn fy nghroen** nid yw yn fy ngwead; nid yw'n rhan o'm cyfansoddiad *it's not in my nature*

**croes**

**cario croes** yr aberth a wneir i fod yn Gristion *a cross to bear*

**croes²**

**croes ymgroes** wedi eu croesi ar draws ei gilydd *criss-crossed*

**mynd yn groes** mynd yn erbyn *pulling against*

**tynnu'n groes i** anghytuno, gweithio i'r gwrthwyneb *to be contrary*

**yn groes [i'r] graen** yn erbyn ewyllys; yn erbyn greddf

**croesi**

**croesi bysedd** plethu'r bysedd er mwyn cael lwc. Ofergoel *fingers crossed*

**croesi cleddyfau** anghytuno a cheisio cael y gorau ar rywun *to cross swords*

**croesi'r bont** dysgu Cymraeg a bod yn ddigon hyderus i'w siarad

**croesi'r ffin** marw *to die*

**crogi**

**crogi telynau** dyma a wnaeth yr Iddewon pan dawodd y gân yn ystod cyfnod y gaethglud yng ngwlad Babilon *to cease singing*

**dros fy nghrogi** (mewn brawddeg negyddol) *for the life of me*

**cronglwyd** to, o wiail plethedig yn wreiddiol

    **dan gronglwyd** dan do; yng nghysgod *sheltered*

**cropian**

    **rhaid cropian cyn cerdded** rhaid dysgu fesul cam *you must learn to crawl before learning to walk*

**crud**

    **o'r crud i'r bedd** gydol oes *from cradle to grave*

**crwys**

    **dan ei grwys** am gorff wedi ei osod yn barod i'w gladdu; wedi marw *laid out (of a body)*

**cryman**

    **pawb / pob un â'i gryman** pawb yn mynd ei ffordd ei hun *to do your own thing*

**crymanu pêl** *to slice or curl a ball*

**crynu yn fy esgidiau** bod ag ofn mawr *shaking in my shoes*

**cusan Jwdas** gweithred ymddangosiadol gariadus sy'n bradychu, fel y bradychodd cusan Jwdas Iesu Grist yn Efengyl Marc *Judas kiss*

**cwch**

    **bwrw / gwthio / gyrru'r cwch i'r dŵr** cychwyn ar fenter newydd *to launch*

    **[pawb] yn yr un cwch** yn yr un sefyllfa *[all] in the same boat*

**cwd**

    **cwd y mwg** rhywun sy'n siarad yn ddewr ond heb gyflawni dim *a fat lot of use*

    **cwdyn y saint**

    1. cartref i bethau nad oes ganddynt gartref arall

    2. *lucky dip*

**cwm**

    **i'r cwm y rhed y cerrig** i'r pant y rhed y dŵr

**cwman**

    **yn fy nghwman** â phen ucha'r corff yn pwyso ymlaen *stooping*

**cwmpas**

    **rhywle o'i chwmpas hi** yn weddol agos i'w le *there or thereabouts*

**cwmwl**

cwmwl tystion ymadrodd beiblaidd am bawb sydd wedi credu yn Iesu Grist *a cloud of witnesses*

tan gwmwl dan amheuaeth *under a cloud*

**cwmws**

yn gwmws (de) yn union *exactly*

dyn bach cwmws *with an emphasis on propriety*

**cŵn**

a fager ymysg cŵn, a ddysg gyfarth a chnoi dylanwad magwraeth ar blentyn

bugail diog sydd â'r cŵn gorau

cyfarth gyda'r cŵn a rhedeg gyda'r cadno rhywun sy'n ceisio plesio'r ddwy ochr mewn anghytundeb trwy ddweud celwyddau, a hynny er ei les ei hun; Sioni bob ochr *to run with the fox and hunt with the hounds*

cyn codi cŵn Caer y tebyg yw bod yr hen Gymry'n arfer dwyn halen o welyau halen yn Sir Gaer. Er mwyn llwyddo yn y fenter, roedd gofyn codi'n eithriadol o gynnar, cyn y cŵn, a fyddai'n cyfarth wrth eu clywed *up early*

rhwng y cŵn a'r brain afradu golud *to go to rack and ruin*

**cwpan**

fy nghwpan yn llawn mor hapus fel nad oes lle i ddim rhagor *my cup runneth over*

troi fel cwpan mewn dŵr troi gyda phob gwynt; bod yn anwadal, annibynadwy *to turn with every wind*

**cwr**

o'r cwr un ar ôl y llall; o'r dechrau i'r diwedd *from one end to the other*

**cwrcwd**

yn fy nghwrcwd eistedd ar fy sodlau *squatting*

**cwrens**

fel cwrens mewn cacen gybydd am gapel mawr lle mae'r gynulleidfa wedi edwino

cwrs y byd hanes hynt y byd *the way of the world*

cwrso corynnod glanhau'r tŷ yn y gwanwyn, pan fyddai

goleuni'r haul yn dangos yr holl we pry cop/corynnod a
llwch *to spring-clean*

**cwrw**

**cwrw bach** cyfarfod i werthu cwrw a phice i godi arian;
manion dibwys *small beer*

**cwrw coch** *mild beer*

**yn fy nghwrw** yn fy niod *in my cups*

**cwsg**

'Cwsg ni ddaw i'm hamrant heno, / Dagrau ddaw ynghynt'
'Cwyn y Gwynt', John Morris-Jones

**cwsg yw bywyd heb lyfrau** *life without books is but a trance*

**cwt**

a'm cwt / **cynffon rhwng fy nghoesau** (gw. cynffon)

**cwt haul** *a gazebo*

**cwympo**

**cwympo / syrthio ar fy mai** cyfaddef *to admit*

**cwympo / syrthio rhwng dwy stôl** methu penderfynu rhwng
dau ddewis a gorffen heb yr un *to fall between two stools*

**cwys** y rhimyn tir a droir gan aradr; yn drosiadol, llinell bywyd

**torri / tynnu cwys** aredig; yn drosiadol, ffordd o fyw

**agor / torri fy nghwys fy hun** mynd fy ffordd fy hun
*to plough one's own furrow*

**cyboli**

**ddim yn cyboli gyda neb** ddim yn caru *not courting*

**cychwyn**

**dim ond megis cychwyn** dim ond newydd ddechrau *just
started*

**o'r cychwyn cyntaf** o'r dechrau un *from the very beginning*

**cyd**

**ar y cyd** gyda'i gilydd *collaboratively*

**cydio maes wrth faes** mynd ati mewn ffordd ddiegwyddor i
gasglu eiddo a chyfoeth. Gynt, byddai tirfeddianwyr yn rhoi
benthyg arian i'w tenantiaid gan obeithio na fydden nhw'n
medru ei dalu'n ôl, ac yna byddai'r tirfeddianwyr yn medru
hawlio mwy o dir fel tâl *to acquire estates*

**cyfaill**

**cyfaill a lŷn yn well na brawd** mae cyfaill agos yn well na brawd o bell. O Lyfr y Diarhebion yn y Beibl *truer a friend than a brother*

**cyfaill blaidd, bugail diog**

**cyfaill calon / mynwesol** cyfaill agos iawn *bosom friend*

**cyfaill pawb, cyfaill neb** wrth redeg gyda'r cadno a hela gyda'r cŵn, nid yw'r naill na'r llall yn gyfaill

**cyfan**

**ar y cyfan** yn gyffredinol *generally*

**wedi'r cyfan** *after all*

**cyfarch gwell** croesawu *to greet*

**cyfeillion**

'Mae 'nghyfeillion adre'n myned / O fy mlaen o un i un'
'Galar ar ôl Cyfeillion', Ieuan Glan Geirionydd

**cyfer**

**ar / yn fy nghyfer** (e.e. siarad, rhedeg) rhuthro heb wybod yn iawn i ble *headlong*

**cyflawnder yr amser** pan fydd yr amser yn addas; yr amser iawn *in the fullness of time*

**cyflog y gwynt yw glaw** daw glaw yn sgil gwynt mawr

**cyfraith**

**yn gyfraith iddynt eu hunain** yn gwneud fel y mynnant *a law unto themselves*

**cyfrif**

**ar bob cyfrif** â chroeso *by all means*

**ar unrhyw gyfrif** am unrhyw reswm *on no account; on any account*

**galw [rhywun] i gyfrif** gofyn i rywun gyfiawnhau rhywbeth mae wedi ei wneud *to call to account*

**cyfrwys**

**a fo gwan, bid gyfrwys / oni byddi gryf, bydd gyfrwys** defnyddiwch nerth ymennydd yn hytrach na grym corfforol i ddianc rhag trafferth *if not strong, be cunning*

**cyfryw**

    **y cyfryw rai** rhai fel hynny *such people*

    **fel y cyfryw** *as such*

**cyfyl**

    **mynd ar gyfyl** mynd yn agos at (mewn brawddeg negyddol)
    *to go near*

    **ar fy nghyfyl** yn agos ataf; i edrych amdanaf

**cyfyng gyngor** heb wybod beth i'w wneud *on the horns of a dilemma*

**cyff**

    **cyff cenedl** y bobl a'r teuluoedd sy'n gwneud cenedl *a nation*

    **cyff coeden** coes y goeden *the stock of the tree*

    **cyff eingion** corff yr eingion *the stock of the anvil*

    **cyff gwawd** testun sbort a dilorni (cf. **cocyn hitio**)
    *a laughing-stock*

    **cyff gwenyn** blwch a wneid yn gartref i wenyn *a beehive*

    **cyff gwn** darn pren dryll saethu *a gun stock*

    **cyff o ddyn** dyn dwl *a blockhead*

    **cyff o gardiau** set o gardiau chwarae *a pack of cards*

**cyhoeddi o bennau'r tai** cyhoeddi i'r byd a'r betws. Yr oedd gan dai'r Iddewon doeon gwastad yr arferid cyhoeddi oddi arnynt *to shout from the roof-tops*

**cyhyraeth** sŵn cwynfanllyd a glywir yn y nos sy'n rhagfynegi marwolaeth. Credid mai cwynfan y sawl oedd i farw ydoedd

**cylch**

    **cylch abred** cylch cythreulig *vicious circle*

    **cylch amser** rhod amser *time cycle*

    **cylch y lleuad / lloer** *lunar cycle*

    **cylch y sêr** *stars in their orbit*

**cyllell sbaddu malwod** rhywbeth sy'n dda i ddim *[as much use as a] chocolate teapot*

**cymaint a chymaint** hyn a hyn; swm eithaf bach ond amhenodol *(only) so much*

**cymdogaeth dda** ansawdd cymuned *neighbourliness*

**cymodi**

hawdd cymodi lle bo cariad

**cymorth**

mwya'i gymorth, lleia'i barch yr un sy'n helpu fwyaf sy'n derbyn y lleiaf o barch a diolch *more help, less respect*

**Cymraeg**

'Colli iaith a cholli urddas ... / Ac yn eu lle cael bratiaith fas' 'Colli Iaith', Harri Webb

'Colli'r iaith fu colli rhan, / Colli'r cof, colli'r cyfan' Rhys Dafis

Cymraeg Byw math o Gymraeg gwneud a ddysgid i ddysgwyr ar un adeg

Cymraeg cerrig calch Cymraeg sy'n drwm dan ddylanwad tafodiaith *colloquial Welsh*

dim Cymraeg rhyngom ddim yn siarad â'n gilydd (oherwydd anghytundeb) *not on speaking terms*

'Gwnewch bopeth yn Gymraeg' Mynyddog

'Iaith carreg fy aelwyd, iaith carreg fy medd' 'Caru Cymru', Crwys

'Main firain riain gain Gymraeg' disgrifiad Casnodyn (14eg ganrif) o ferch brydferth

'Mynnwn gael siarad ein hiaith ein hun' 'Eu Hiaith a Gadwant', Eifion Wyn

**Cymro**

gorau Cymro, Cymro oddi cartref rhywun sy'n medru ymhyfrydu yn ei Gymreictod heb orfod ei byw hi

**Cymru**

'Ac nid unrhyw genedl arall ... nac unrhyw iaith arall ar Ddydd y Farn ... a fydd yn ateb dros y gongl fach hon o'r ddaear.' Datganiad Hen Ŵr Pencader. Yn ystod ei daith trwy Gymru yn 1163, mae Gerallt Gymro'n adrodd bod y brenin Harri II wedi gofyn i'r hen ŵr hwn a fyddai'r Cymry'n 'parhau i ymwrthod â grym Lloegr?' Derbyniodd ateb a ystyrir yn fynegiant clasurol o'n hymwybyddiaeth o'n cenedligrwydd Cymraeg y mae'r dyfyniad hwn yn rhan fach ohono

'Ac yna bwriwyd holl Gymru i'r llawr' cofnod yn dilyn lladd
Llywelyn ap Gruffudd yn 1282 yn *Brenhinedd y Saesson*
'anorchfygedig ben holl Gymru' yr Arglwydd Rhys, yn ôl
*Brut y Tywysogion*
'Beth yw'r ots gennyf i am Gymru? Damwain a hap
Yw fy mod yn ei libart yn byw ...' 'Hon', T. H. Parry-Williams
'Cawsom wlad i'w chadw,
darn o dir yn dyst
ein bod wedi mynnu byw...' 'Etifeddiaeth', Gerallt Lloyd
Owen
'Cymru fach i mi –
Cartre crwth a thelyn,
Cysegr salm ac emyn,
Porth y nef yw hi.' 'Paradwys y Bardd', Eifion Wyn
'Fy Nghymru a bro brawdoliaeth, fy nghri, fy nghrefydd,'
'Preseli', Waldo Williams
'Gorwedd llwch holl saint yr oesoedd a'r merthyron yn dy
gôl' 'Cymru', Gwenallt
'Gwinllan a roddwyd i'm gofal yw Cymru fy ngwlad'
*Buchedd Garmon*, Saunders Lewis
'Nid Cymru fydd Cymru a'i choron dan draed' 'Caru
Cymru', Crwys
'Paham y rhoddaist inni'r tristwch hwn?' 'Cymru',
Gwenallt
'Rwy'n caru pob erw o hen Gymru wen' 'Caru Cymru',
Crwys
**cymryd**
    **cymryd dy amser** bod yn hir wrth rywbeth; peidio â
rhuthro; **cymryd pwyll** *to take your time*
    **cymryd arnaf** esgus bod *to pretend*
    **cymryd fy enw'n ofer** defnydd ysgafn o'r trydydd o'r Deg
Gorchymyn, i beidio cymryd enw'r Arglwydd yn ofer *to take
my name in vain*
    **cymryd rhan** [yn] perfformio'n gyhoeddus *to take part*
    **cymryd y blaen** arwain *to take the lead*

**cymryd yn fy mhen** meddwl heb unrhyw reswm arbennig
*to take it into my head*

**cymylau**

**canmol i'r cymylau** *to praise to the skies*

**rhegi i'r cymylau** i'r eithaf *to turn the air blue*

**cynffon**

**â'm cynffon yn fy ngafl / rhwng fy nhraed** â'm cynffon
rhwng fy nghoesau; yn isel fy ysbryd wedi derbyn cerydd
*with my tail between my legs*

**pen punt, cynffon dimai** yn ymddangosiadol dda ond yn
cuddio gwendidau *feet of clay*

**tro cynffon cath** *Z bend*

**tro yn ei gynffon** rhywbeth annisgwyl cyn y diwedd *a twist
in the tail*

**wrth gynffon** yn dilyn yn dynn ar ôl (rhywun neu rywbeth)
*on his tail*

**yng nghynffon** ar ddiwedd rhywbeth *following*

**cynhyrfu'r dyfroedd** adroddir yr hanes yn y Beibl am yr angel a
fyddai weithiau'n cynhyrfu dyfroedd Llyn Bethesda; heddiw,
codi cynnen *to stir things up*

**cynnal**

**cynnal a chadw** gwaith angenrheidiol i gadw rhywbeth i
fynd *repair and maintenance*

**cynnal breichiau** adroddir yr hanes yn Llyfr Exodus
am y frwydr rhwng yr Iddewon a'r Almaneciaid. Tra oedd
Moses yn dal ei freichiau i fyny, yr Iddewon oedd yn
drech, ond pan ostyngai ei freichiau, yr Almaneciaid
oedd gryfaf. Felly dyma Aaron a Hur yn dod i gynnal
breichiau Moses; heddiw, cynnal a chefnogi *to offer
moral support*

**cynnal seiat** cyfarfod i drafod materion o bwys (ysbrydol yn
wreiddiol) *to hold court*

**cynnig**

**does gennyf gynnig** cas gennyf *I can't stand*

**rhoi cynnig** ceisio, mentro *to give it a go*

**cynt**

na chynt na chwedyn *neither before nor after*

**cyntaf**

cyntaf i'r felin gaiff falu / cyntaf i'r efail gaiff bedoli *first come, first served*

cyntaf i gyd, gorau i gyd gorau po gyntaf *the sooner the better*

yn gyntaf un y peth cyntaf i gyd *first of all*

**cyrchu**

cyrchu at y nod anelu at rywbeth *to aim for a target*

cyrchu dŵr dros afon gwneud rhywbeth hollol ddianghenraid *to carry coals to Newcastle*

**cyrn**

tynnu fy nghyrn ataf mynd yn llai ymosodol, fel y mae malwoden yn tynnu ei chyrn wrth synhwyro perygl *to draw in one's horns*

**cysgadur**

y saith cysgadur gw. saith

**cysgod**

bwrw / taflu i'r cysgod heb dderbyn llawer o sylw; wedi ei esgeuluso oherwydd bod rhywun arall yn denu'r sylw i gyd *cast into the shadows*

yng nghysgod rhywun cael eich adnabod neu eich cynnwys mewn cynlluniau oherwydd eich cysylltiad â rhywun neu rywbeth arall *to be in someone's shadow*

**cysur dyn tlawd** cyfathrach rywiol *sex*

**cysurwyr Job** yn hanes Job yn y Beibl, roedd pobl yn egluro wrtho mai cosb am ei bechodau oedd ei holl dreialon – cysur a oedd yn gwneud pethau'n waeth *Job's comforters*

**cythlwng**

ar fy nghythlwng yn newynu *starving*

**cythraul**

cythraul canu cwympo mas ynglŷn â cherddoriaeth, yn arbennig yn y capel *musical rivalry*

**cythraul gwlân** peiriant cribo gwlân *wool carder*
**cythraul gyrru** *road rage*
**cythraul mewn croen** hen ddiawl *the devil incarnate*
**mae rhyw gythraul dan bob ewin** gw. **ewin**

**cyw**

**cyw a fegir yn uffern, yn uffern y myn fod** *a leopard doesn't change its spots*
**cyw athro / drefnydd a.y.b.** prentis *a fledgling; an apprentice*
**fel cyw caseg yn goesau ac yn heglau i gyd** un ifanc, trwsgl *all arms and legs*
**cyw tin clawdd / cyw gwyllt** plentyn siawns *an illegitimate child*
**cyw melyn olaf** y plentyn ieuengaf (annwyl) mewn teulu *the last of the brood*
**cyw o frid yn well na phrentis** mae rhywun sydd wedi ei eni â'r doniau'n well na rhywun sy'n gorfod eu dysgu *innate talent*

**cywilydd**

**codi cywilydd ar** gwneud i rywun deimlo cywilydd *to shame*
**Rhag dy gywilydd!** condemniad; beirniadaeth am wneud rhywbeth ysgeler *Shame on you!*

**chwa o awyr iach** rhywbeth ffres, iachusol *a breath of fresh air*
**chwain y gof** y gwreichion sy'n tasgu wrth i'r gof fynd at ei waith
  *sparks*
**chwâl**
  **ar chwâl**
  1. wedi ei chwalu, wedi ei ddistrywio *shattered, destroyed*
  2. wedi ei ledaenu, wedi ei wasgaru *scattered*
**chwalu niwl efo ffon** gwastraff amser llwyr; bugeilio brain
  *a waste of time and effort*
**chwannog i nogio** â thuedd i dorri i lawr *clapped out*
**chwant**
  **codi chwant** creu awydd *to make one want to*
  **mae arnaf chwant** rwyf eisiau *I fancy*
**chwarae**
  **chwarae â thân** gwneud rhywbeth peryglus *to play with
  fire*
  **chwarae'r bêr** codi gwrychyn *to play the bear*
  **chwarae'r diawl** creu helynt mawr *to raise Cain*
  **chwarae'r ffon ddwybig** cefnogi dwy ochr sy'n gwrthwynebu
  ei gilydd; bod yn ddauwynebog *to be two-faced*
  **chwarae i ddwylo rhywun** gwneud rhywbeth ffôl neu
  ddifeddwl a thrwy hynny drosglwyddo'r fantais i rywun arall
  *to play into someone's hands*
  **chwarae mig** chwarae cwato / cuddio *hide and seek*
  **chwarae plant**
  1. rhywbeth hawdd ei wneud *child's play*
  2. bod yn blentynnaidd am rywbeth
  **chwarae'n troi'n chwerw** *it'll end in tears*
  **chwarae teg**
  1. peidio â thwyllo neu gamarwain mewn ffordd annheg
  2. ebychiad yn galw am degwch *fair play!*
  **chwarae whic whew â** *to muck [someone] about*

**gorau chwarae, cyd-chwarae** *team play is the best play*

**nid ar chwarae bach** rhaid wrth gryn ymdrech *it's no small thing*

**chwarter**

**ddim yn chwarter call** mwy gwirion hyd yn oed na hanner call a dwl *loopy*

**chwedl [+ enw rhywun]** fel y dywed [rhywun]; ys dywed *according to [someone]*

**chwennych / chwenychu** bod eisiau'n fawr, elfen hunanol

**a chwenycho ddrwg i arall, iddo'i hun y daw** rhybudd

**chwerthin**

**chwerthin am ben rhywun** gwneud sbort; dilorni *to laugh at*

**chwerthin yn fy nwrn** chwerthin yn fy llawes; gweld jôc yn rhywbeth ond heb ddangos hynny *to smirk*

**chwerthin yn fy llawes** chwerthin yn ddirgel; chwerthin yn fy nwrn *to snigger*

**chwerthin yn fy nyblau** chwerthin yn afreolus nes cael fy ngorfodi i blygu *in stitches*

**chwerthin yn glana / yn glana chwerthin** chwerthin yn hir ac yn uchel *to roar with laughter*

**chwerw yng ngenau, melys yng nghylla** sylw am fwyd

**chwil gaib** wedi meddwi'n llwyr *smashed out of his skull*

**chwilen yn fy mhen [a honno ar wastad ei chefn]** syniad sy'n mynnu aros yn y meddwl *a bee in my bonnet*

**chwilio**

**chwilio a chwalu** edrych ym mhob man

**chwinciad chwannen** ychydig iawn o amser *a jiffy*

**chwip**

**chwip o** e.e. ffilm, llyfr, CD; yn dda iawn *red-hot*

**chwipio**

**dim lle i chwipio chwannen** *no room to swing a cat (cat o' nine tails,* ffrewyll)

**chwit-chwat** annibynadwy; didoreth; oriog *fickle*

**chwith**

**gweld chwith**

1. teimlo trueni *to feel sorry for*
2. teimlo 'mod i wedi cael cam *to be peeved*

**mae'n chwith gen i** mae'n ddrwg gennyf *I'm sorry*

**teimlo'n chwith ar ôl rhywun** gweld eisiau; teimlo'r golled *to miss someone*

**tu chwith allan** tu fewn tu fas *inside out*

**chwyrn**

**gwrthwynebu'n chwyrn** *to oppose fiercely*

**chwys / chwysu**

**chwys botsh / diferu / diferol / domen / drabŵd / pabwr / stecs** *sweaty*

**chwysu chwartiau / mewn laddar o chwys** *sweating pints*

**os na chwysi wrth hogi, fe chwysi wrth dorri** mae'n werth paratoi'n drylwyr ar ddechrau unrhyw fenter er mwyn ei chwblhau'n haws

**trwy chwys dy wyneb [y byddi'n bwyta bara]** dyma gosb Duw ar Adda ac Efa wedi iddynt orfod gadael Gardd Eden – rhaid iddynt weithio'n galed am eu bywoliaeth *by the sweat of your brow*

**chwythu**

**chwythu bygythion a chelanedd** dyma a wnaeth Saul yn Llyfr yr Actau, yn erbyn dilynwyr Iesu Grist, cyn iddo gael ei dröedigaeth yn Paul; heddiw, darogan gwae *to threaten brimstone and fire*

**chwythu plwc** diffygio; colli egni *to run out of steam*

**chwythu yng nghlust** cael gair bach tawel *to have a quiet word*

**da**

> **da boch a di-bechod** ymadrodd wrth ymadael, fel arfer
> 'da bo' *fare-thee-well*
> **Da chi!** Er mwyn popeth! *For goodness' sake!*
> **da i ddim** *good-for-nothing*
> **da, was** canmoliaeth a roddwyd i'r gwas a wnaeth ddefnydd
> da o'i dalentau yn nameg y talentau yn y Beibl
> **I beth mae ... [yn] dda?** Beth yw pwrpas / diben ...?
> **mae'n dda gennyf** rwy'n falch *I'm pleased*
> **nid da lle gellir gwell** *the good is the enemy of the best*

**dadl** anghytundeb *argument*

> **dadl sydd ddim yn dal dŵr** dadl annilys, heb ddigon o
> ffeithiau, neu'n anghyson *a flawed argument*
> **torri'r ddadl** penderfynu pa ochr mewn dadl sy'n gywir

**daear**

> **Ble / beth ar y ddaear / ar wyneb y ddaear?** Ble yn y byd?
> *Where / what on earth?*
> **daear lawr** y ddaear *earth*

**dafad ddu** rhywun nad yw'n cydymffurfio nac yn ymddwyn
yr un fath (dderbyniol) â phawb arall *the black sheep of the
family*

> **dafad gorniog** yn dafodieithol, rhywun sy'n mynnu cael ei
> ffordd ei hunan

**dagrau**

> **dagrau pethau** trueni mawr *a great shame*
> **yn fy nagrau** yn llefain *in tears*

**dal / dala**

> **dal ar** manteisio ar gyfle *to take advantage of*
> **dal ati** dyfalbarhau *to persevere*
> **dal der** gorffwys, pwyso ar y rhaw / brws a.y.b. *to rest a while*
> **dal dig** parhau i fod yn ddig *to hold a grudge*
> **dal dŵr** rhesymegol; yn argyhoeddi (ond gan amlaf mewn

brawddeg negyddol), 'nid yw'n dal dŵr' *that doesn't hold water*

**dal fy nhafod** bod yn dawel *to hold my tongue*

**dal fy nhir** gwrthsefyll ymosodiad (o ran iechyd neu unrhyw faes arall) *to stand my ground; to hold my own*

**dal pen rheswm** trafod, ymddiddan *to reason with*

**dala llygoden a'i bwyta** byw o'r llaw i'r genau heb ddim wrth gefn *to live from hand to mouth*

**dala'r slac yn dynn** gwneud dim ond yr hyn sydd raid *ticking over*

**dim dal ar rywun** anwadal, annibynadwy *fickle*

**ei dal hi** meddwi *drunk*

**dalen**

**troi dalen newydd** dechrau dalen lân, dechrau o'r newydd *to turn over a new leaf*

**dall**

**y dall yn tywys y dall** rhywun anwybodus yn egluro rhywbeth i rywun arall anwybodus *the blind leading the blind*

**dallaf o bawb na fynn weled** *there's none so blind as those who will not see*

**dallt y dalltings** gwybod sut mae pethau i fod, gwybod sut mae'r gwynt yn chwythu *to know which way the wind blows*

**dannedd**

**[dweud] ar draws ei ddannedd** bwrw i'w ddannedd; dweud y caswir yn ei wyneb

**bwrw / taflu i'm dannedd** edliw; dweud y caswir yn fy wyneb *to tell me to my face*

**dangos fy nannedd** bygwth, rhybuddio *to snarl*

**dan fy nannedd** (e.e. siarad, dweud) sibrwd wrthyf fy hunan; mwmial *to mutter*

**edrych dannedd** archwilio cyflwr; edrych yn fanwl ar ansawdd (fel y mae archwilio dannedd ceffyl neu ddafad yn dangos ei oed / ei hoed) *to vet*

**rhoi dannedd** rhoi grym neu awdurdod i'r peth neu'r person

**trwy groen fy nannedd** ymadrodd beiblaidd am lwyddo
(i ddianc fel arfer) o'r nesaf peth i ddim *by the skin of my
teeth*

**tynnu dŵr o'r dannedd** addewid o rywbeth pleserus; codi
blys am rywbeth *mouth-watering*

**yn nannedd** mynd yn erbyn rhywun neu rywbeth sy'n eich
gwrthwynebu, e.e. yn nannedd y gwynt *to fly in the face of
something*

**dant**

**at fy nant** yn flasus iawn yn fy marn i *to my taste*
**da cael dant i atal tafod** cnoi tafod

**darfod am** wedi gorffen; wedi dod i ben; ar fin peidio bod
*terminated*

**darllen**

**darllen rhwng y llinellau** dyfalu'r ystyr yn hytrach na'r
geiriau eu hunain; un ffordd o anfon neges gudd ers llawer
dydd fyddai cyflwyno'r neges bob yn ail llinell o fewn y
testun *to read between the lines*

**dau**

**dau ddwbl a phlet** hynod o gam, wedi ei blygu bron yn ddau
*bent double*

**does dim dau** does dim amheuaeth; does dim dwywaith
**rhoi dau a dau at ei gilydd** dod i gasgliad ar ôl ystyried
y dystiolaeth *to put two and two together*

**daw rhywbeth o rywbeth, ddaw dim o ddim** gwell rhoi cynnig
arni a methu na pheidio â gwneud dim

**dawn dweud** huotledd *the gift of the gab*

**dawnsio tendans** yn brysur yn ymateb i ofynion di-ben-draw
*to dance attendance on*

**dechrau**

**a ddechreuo lawer o bethau, ni orffen ond ychydig** *too
many irons in the fire*

**ar y dechrau'n deg** *at the very beginning*

**dechrau byd** dechrau bywyd priodasol

**dechrau cychwyn** ar y dechrau'n deg *at the very start*

**megis dechrau** dim ond newydd ddechrau arni *just started*
**o'r dechrau un** *from the very beginning*
**dedwydd**
 **dedwydd a diriaid** y dedwydd yw'r sawl a dynghedir i
 dderbyn hawddfyd, diriaid yw'r sawl a dynghedir i fywyd
 anodd *blessed and cursed*
**deddf**
 **deddf y Mediaid a'r Persiaid** sonnir amdani yn yr Hen
 Destament fel rhywbeth hollol ddigyfnewid a digyfaddawd
 *Law of the Medes and the Persians*
 **Y Deng Air Deddf** y Deg Gorchymyn *the Ten*
 *Commandments*
**defaid**
 **defaid Dafydd Jôs** tonnau gwyn y môr *white horses (waves)*
**degymu'r mintys a'r anis** yn ôl cyfraith yr Iddewon, roedd gan
 offeiriad hawl i'r ddegfed rhan (degwm) o gnwd y maes.
 Mintys, anis a chwmin oedd y planhigion lleiaf, a'r ystyr
 yw rhoi llawer gormod o bwyslais ar fân reolau *to split hairs*
**deheulaw cymdeithas, estyn** y syniad o gorff yn estyn llaw i
 groesawu aelodau newydd *to extend a welcome*
**deilen ar dafod** bod â thafod tew *a lisp*
**delw**
 **gosod delw ar rywbeth** gadael ôl ar rywbeth, gosod stamp
 ar rywbeth *to put a stamp on*
**derwen**
 **cynt y cwymp dâr** (coed deri) **na mieri o flaen gwynt** nid y
 praffaf na'r cryfaf ei olwg sy'n goroesi bob tro
**deuddeg**
 **taro deuddeg** gwneud rhywbeth yn berffaith; gweddu i'r
 dim *to fit the bill*
**deuparth gwaith ei ddechrau** rhan drymaf tasg o waith yw
 cychwyn arni
**dewin dŵr** un â'r ddawn i ganfod dŵr tan ddaear *a water diviner*
**diafol / diawl / y Gŵr Drwg** ymgorfforiad o ddrygioni sy'n herio
 Duw a'i gread, gan demtio pobl i wyro o'r llwybr cyfiawn.

Caiff ei bortreadu yn ysgrythurau amryw grefyddau fel sarff, hanner gafr a bugail corniog. Gwelir ei enw mewn llawer rheg ac ebychiad *the devil*

**cheidw'r diafol mo'i was yn hir** ni chymer yn hir i rywun sylweddoli ei fod yn cael ei dwyllo a'i gam-drin

**diafol mewn croen** diawl o ddyn / ddynes *the devil incarnate*

**y diafol yn gweld bai ar bechod** Tinddu! meddai'r frân wrth yr wylan *the pot calling the kettle black*

**diawl / jiawl** ffurf lafar ar 'diafol' sy'n rheg rymus yn Gymraeg

**dewis rhwng y diawl a'i gwt** y naill ddewis cynddrwg â'r llall *Hobson's choice*

**gwneud drwg rhwng y diawl a'i gynffon** creu cynnen

**diawl y wasg** prentis mewn argraffdy gynt *the printer's devil*

**dianc**

'Ni allaf ddianc rhag hon' 'Cymru', T. H. Parry-Williams

**dibyn-dobyn** tin dros ben *head-over-heels*

**Dic Siôn Dafydd** Cymro sy'n gwadu ei iaith ac yn troi at Saesneg – cymeriad a grëwyd gan Jac Glan-y-gors

**dicter**

'Paham mae dicter, O Myfanwy, / Yn llenwi'th lygaid duon di?' 'Myfanwy', Mynyddog / Joseph Parry

**didoli'r defaid oddi wrth y geifr** dameg o'r Beibl yn sôn am wahanu'r bobl ddrwg oddi wrth y bobl dda *to sort the sheep from the goats*

**di-droi'n-ôl** *irrevocable*

**di-ddal**

mor ddi-ddal â phen-ôl babi *as dependable as a baby's bottom*

**di-dderbyn-wyneb** o farn annibynnol, heb ymgreinio i neb *impartial*

**diddim didda** yn dda i ddim *worthless*

**diddrwg didda** heb fod yn un peth na'r llall *so-so*

**diddos**

mor ddiddos â thwll tin hwyad *snug as a bug in a rug*

72

**difeddwl-drwg** rhywun sy'n meddwl y gorau o bawb, ac awgrym o ddiniweidrwydd yn perthyn iddo *to think the best of everybody*

**diflewyn-ar-dafod** yn adrodd y gwir moel *calls a spade a spade*

**difrif**

>**mewn difrif / o ddifrif calon** yn hollol o ddifrif *seriously*
>
>**rhwng difrif a chwarae** nad yw'n gwbl o ddifrif *half-joking*

**diffaith**

>**dyn diffaith** rhywun sy'n dda i ddim *a wastrel*

**diffyg**

>**diffyg traul** llosg cylla; dŵr poeth *indigestion*
>
>**yn niffyg** pan na fo rhywbeth ar gael

**digon**

>**ar / uwch / wrth ben fy nigon** wrth fy modd *well-pleased*
>
>**digon i'r diwrnod ei ddrwg ei hun** rhybudd yn Efengyl Mathew: peidiwch â mynd i chwilio am ragor i'w ychwanegu ato *sufficient unto the day the evil thereof*
>
>'**Digon sy ddigon i ddoeth**' Dewi o'r Glyn
>
>'**Digon yw digon a gormod sydd flin, / Gofid yw rhagor na elli ei drin**' *enough is enough*
>
>**o ddigon** o bell fordd *by far*

**digywilydd**

>**a fo ddigywilydd a fo'n ddigolled** dyma un o'r priodoleddau sydd eu hangen er mwyn gwneud arian

**dihareb**

>'**Dihareb, adnod y werin, – ei swyn / Yw synnwyr cyffredin**' Mordaf

**dihenydd**

>**dinas ddihenydd** dinas ar fin distryw *sin city*
>
>**yr Hen Ddihenydd** angau; hefyd *The Ancient of Days*

**dilyn**

>**dilyn march** hen arfer o fynd â march o fferm i fferm i gyfebru caseg

**dilyn yn ôl traed** dilyn esiampl *to follow in the footsteps*

**dilyw**

    **cyn y dilyw** ofnadwy o hen [ffasiwn], cyn y dilyw a foddodd y byd yn y Beibl *antediluvian*

**dillad dydd Sul / dillad parch** dillad gorau *Sunday best*

**dim**

    **a wnelo ddim a wna ddrwg** *who does nothing does ill*

    **dim byd / dim oll** dim o gwbl *nothing at all*

    **ddaw dim o ddim** *nothing comes from nothing*

    **i'r dim** perffaith *spot on*

    **o fewn / ond y dim** bron *almost*

**dimai**

    **dimai goch y delyn** hen ddarn o arian a llun telyn wedi ei fathu arno (fel arfer mewn brawddeg yn dweud bod y cyfan wedi ei wario, neu fod dim ar gael) *a penny*

    **dwy a dimai** rhywbeth di-werth *tu'penny ha'penny*

**dinas**

    **dinas barhaus** ymadrodd beiblaidd yn rhybuddio nad oes inni gartref parhaol yn y byd hwn *an abiding city*

    **dinas noddfa** man diogel i ffoadur dderbyn ymgeledd rhag y rhai sy'n ei ymlid *sanctuary*

**dincod ar ddannedd y plant** rhybudd yn yr Hen Destament, ar ôl i'r tadau fwyta grawnwin surion, y bydd y dincod (y poen yng nghig y dannedd) yn disgyn ar y plant; plant yn dioddef o ganlyniad i weithredoedd eu tadau *the sins of the fathers shall be visited on their children*

**diod**

    **diod fain** diod fyrlymus o ddail planhigion wedi eu heplesu *a fizzy infusion*

    **diod gadarn** enw beiblaidd ar alcohol

    **yn fy niod** wedi meddwi *in my cups*

**dioddef**

    **a ddioddefws a orfu** mae'r sawl sy'n barod i ddioddef dros rywbeth yn debycach o lwyddo ynddo

**diolch**

'O Dad, yn deulu dedwydd – y deuwn / Â diolch o'r newydd' 'Wrth y bwrdd bwyd', W. D. Williams

**dirwyn i ben** gorffen yn raddol *to wind down*

**disgwyl**

**yn groes i'r disgwyl** yn annisgwyl *contrary to expectations*

**yn ôl y disgwyl** *anticipated*

**disgybl**

'Disgybl wyf, ef a'm dysgawdd' Gruffudd Gryg am Ddafydd ap Gwilym

**di-sôn-amdano** di-nod; anenwog *unremarkable*

**distaw bach**

1. cyfrinachol *secretly*
2. tawel iawn

**distyll**

**distyll y môr** llanw a thrai'r môr *the reflux of the tide*

**distyll y trai** man pellaf y trai *low watermark*

**diwedd**

**diwedd y gân** y canlyniad ar y diwedd *the end result*

**diwedd y gân yw'r geiniog** *it all comes down to money*

**dyna ddiwedd arni** does dim rhagor o drafod i fod *that's an end to it*

**o'r diwedd** wedi hir ddisgwyl *at last*

**rhoi diwedd ar** gorffen; terfynu *to put an end to*

**yn y diwedd** *at the end of the day*

**diwyd fel i fyw byth, dedwydd fel i farw fory** gweithiwch fel petaech yn mynd i fyw am byth, ceisiwch hapusrwydd fel petaech yn mynd i farw fory

**dod**

**dod at fy nghoed** callio *to wise up*

**dod ataf fy hun** dadebru, dihuno *to come to*

**dod dros** adfer, gwella *to get over*

**dod i ben**

1. gorffen *to come to pass*
2. cyflawni *[can you] manage?*

**dod i glawr / dod i'r fei** cael ei ddarganfod; dod i'r amlwg
*to come to light*

**dod o hyd i** darganfod *to find; to discover*

**doed a ddelo / deued a ddelo** beth bynnag a ddigwydd (da neu
ddrwg) *come what may*

**dodi** (de) ffurf a ddefnyddir yn aml yn lle 'rhoi'

**doe**

> **ni ddaw doe yn ôl** *yesterday's gone*

**doeth**

> 'Buan y denir annoeth, / Yn ara' deg y daw'r doeth'
> 'Epigramau', T. Llew Jones
>
> **doeth dwl tra tawo** wrth agor ei geg y mae'r dyn dwl yn ei
> fradychu ei hun

**doethineb Solomon** yn y Beibl gofynnodd y brenin Solomon i
Dduw am ddoethineb, a hynny a fu *the wisdom of Solomon*

**dof**

> **a fyddo ddof, hawdd ei ddal** *the tame are easily caught*

**dolen**

> **dolen gydiol / gyswllt** rhywbeth sy'n cydio dau beth ynghyd
> *a link*

**domino**

> **mae'n ddomino arnaf** mae hi ar ben arnaf *I'm finished*

**draenen**

> **draenen ddu yn fistar ar gythraul** mae ei phigau'n gallu
> gwenwyno, mae'n tyfu'n llwyn trwchus, pigog, ac mae
> pastwn o'r ddraenen ddu'n ysgafnach ond yn galetach na'r
> dderwen a'r gelynnen
>
> **draenen yn ystlys** ymadrodd beiblaidd am rywun neu
> rywbeth sy'n boendod parhaus *a thorn in the side*

**draenog i bob neidr** beth bynnag sy'n achosi ofn i rywun,
ceir rhywbeth sy'n drech na hwnnw *everyone's afraid of
something*

**drain**

> **ar bigau['r] drain** yn aros yn ddiamynedd (a braidd yn
> bryderus) am rywbeth *on tenterhooks*

**wedi ei dynnu drwy'r drain** golwg wyllt ar rywun *dragged through a hedge backwards*

**drewi dros naw perth a chamfa** *to stink to high heaven*

**driphlith draphlith** yn gymysg; drwy'r trwch *higgledy-piggledy*

**dros ben**

    1. yn fwy na'r disgwyl; eithriadol *extremely*

    2. yn weddill *spare*

**dros dro** nes bod rhywbeth mwy parhaol yn digwydd
    *temporary*

**drwg**

    **drwg yn y caws, y gwreiddyn y drwg;** achos rhyw helynt
    *the root cause*

    **mae'n ddrwg arnaf** mae'n galed arnaf *I'm in a fix*

    **mae'n ddrwg gennyf** rwy'n ymddiheuro *I'm sorry*

    **ni ddaw drwg i un na ddêl da i arall** *it's an ill wind that blows no good*

    **o ddrwg i waeth** mae pethau'n gwaethygu

**drws**

    **cadw'r drws ar agor** cadw achos i fynd *to leave the possibility of an opening*

    **dangos y drws i rywun** anfon rhywun o'r tŷ *to show someone the door*

    **drws ymwared** ffordd allan o drafferthion neu berygl *an escape hatch*

    **trwy ddrws y cefn** dod at rywbeth yn anuniongyrchol neu mewn ffordd ychydig yn annheg *in through the back door*

    **wrth y drws** wedi cyrraedd; ar fin digwydd *at hand*

**dryllio delwau** *iconoclasm*

**du**

    **ar ddu a gwyn** yn ysgrifenedig; yn swyddogol *in black and white*

**dur**

    **fel y dur** cywir a digyfnewid *like a rock*

**Duw**

    'Heb Dduw heb ddim, Duw a digon'

# dweud

**a ddywed y gwir, torrer ei ben** tynged unrhyw un sy'n dweud y gwir yn blaen fydd dioddef am hynny

**a ddywed y peth a fynno a gaiff glywed yr hyn nas mynno** os dywedwch chi bethau am bobl eraill, rhaid disgwyl y byddan nhw'n dechrau sôn amdanoch chi

**dweud a dweud** rhybuddio; sôn am rywbeth lawer gwaith (heb fod neb yn gwrando) *to warn*

**dweud ar** amharu ar *beginning to tell on*

**dweud fy meddwl** dweud fy nweud *to speak my mind*

**dweud fy nweud** adrodd beth sydd ar fy meddwl *to have my say*

**dweud mawr** honni pethau mawr *to make great claims for*

**dweud y drefn / ei dweud hi** dwrdio, pregethu *to lay down the law*

**dweud yn dda am** canmol *to speak highly of*

**dweud yn fach am** bychanu *to speak disparagingly of*

# dwl

**dylaf dwl, dwl hen** rhywun a ddylai fod yn gwybod yn well *no fool like an old fool*

**dwmbwr dambar** sŵn fel sŵn glaw; *helter-skelter* yn dafodieithol *tamping rain*

# dŵr / dyfroedd

**basaf dŵr a lefair** y rhai lleiaf eu dyfnder sy'n cadw mwyaf o sŵn *empty vessels make the most noise*

**cyrchu dŵr dros afon** cyflawni gwaith diwerth

**dal dy ddŵr** bydd yn amyneddgar, paid â rhuthro *hold your water*

**dŵr dan y bont** rhywbeth sydd wedi mynd heibio (a dylid anghofio amdano) *water under the bridge*

**dŵr llwyd** dŵr mewn afon yn dilyn glaw trwm *a river in spate*

**dŵr poeth / twym**
1. asid yn y stumog *heartburn*
2. trafferth mawr

**mynd i ddŵr dyfn** mynd i drafferthion mawr

**taflu dŵr oer ar rywbeth** lladd brwdfrydedd; bod yn negyddol *to throw cold water on*

**trwy ddŵr a thân** yn barod i ddioddef unrhyw beth *come hell or high water*

**dyfroedd dyfnion** ymadrodd beiblaidd am drafferthion a helyntion bywyd *deep waters*

**dwrn tra dwrn** law yn llaw *hand in hand*

**dwylo**

> **dwylo glân** dwylo nad ydynt wedi cyflawni unrhyw anonestrwydd
>
> **golchi dwylo** gwrthod derbyn cyfrifoldeb am rywbeth. Yn y Beibl, yr esiampl fwyaf adnabyddus ydy Pontius Pilat yn golchi ei ddwylo o unrhyw gyfrifoldeb am groeshoelio Iesu Grist *to wash one's hands [of]*
>
> **hen ddwylo** hen bobl annwyl *old folk*
>
> **llond fy nwylo** cymaint ag y mae modd dygymod ag ef *to have my hands full*

**dwyn**

> **a ddwg wy a ddwg mwy** mae camwedd bach yn medru tyfu'n fwy ac yn waeth
>
> **dwyn achos yn erbyn** *to prefer charges*
>
> **dwyn / bwrw cyrch** ymosod (gan grŵp) *to make a foray*
>
> **dwyn ffrwyth** arwain at ganlyniad o werth *to bear fruit*
>
> **dwyn i fyny** magu; codi *to raise*
>
> **dwyn i gof** peri cofio *to bring to mind*
>
> **dwyn perswâd** ceisio darbwyllo *to persuade*

**dwywaith**

> **does dim dwywaith** yn ddiamau; does dim dau *there's no two ways about it*

**dyblu'r gân** ailganu rhan olaf cân neu emyn; mynd i hwyl yr addoldy *to repeat a chorus*

**dychryn**

> 'Diau, pe gwelem y diwedd, dychryn y dechrau a giliai'
> 'Madog', T. Gwynn Jones

**dydd**

'Am ddau o ddyddiau ni ofidiaf fi, / Am ddydd i ddyfod
ac am ddydd a aeth' 'Penillion Omar Khayyàm' (cyfieithiad
John Morris-Jones)

**dydd o brysur bwyso** Dydd y Farn *Judgement Day*

**dydd o lawen chwedl** yn y Beibl, y dydd yr iachaodd Iesu
Grist bedwar gŵr gwahanglwyfus o'u salwch; heddiw,
diwrnod o ddathlu newyddion da *Oh happy day!*

**dydd Sul y pys** diwrnod na ddaw *the twelfth of never*

**dydd y pethau bychain** ymadrodd beiblaidd

**'slawer dydd** ers llawer dydd; ers talwm *long ago*

**mae 'slawer dydd cyn y 'slawer dydd sydd nawr** mae'r
dyddiau a fu'n golygu gwahanol bethau i wahanol
genedlaethau o bobl

**yn fy nydd** ym mlodau f'oes *in my day*

**dyddiau**

**dyddiau'r cŵn** rhwng canol mis Gorffennaf a chanol mis
Awst, dyddiau yr oedd y Rhufeiniaid yn eu cysylltu â Sirius,
seren y ci *dog days*

**dyddiau duon bach** dyddiau byrraf y gaeaf o 21 Rhagfyr
ymlaen *the dark days of winter*

**dyddiau dyn sydd fel glaswelltyn** o Lyfr y Salmau. Rhoddir
yr enw 'glaswelltyn' yn Gymraeg ar flodeuyn (tegeirian)
sydd yn blaguro, yn blodeuo ac yn marw o fewn un diwrnod
*as for man, his days are grass*

**dyddiau gorau** fel arfer, dyddiau a fu (sydd wedi hen fynd),
pan oedd rhywbeth yn ei anterth *the best of days*

**dyddiau wedi eu rhifo** ymadrodd o Lyfr Daniel sy'n cyfeirio
at yr 'ysgrifen ar y mur', dim ond hyn a hyn o amser sydd
cyn i rywun neu rywbeth ddirwyn i ben *the days are
numbered*

**hen ddyddiau** cyfnod henaint *dotage*

**llawn dyddiau** hen

**dyfal donc a dyr y garreg** *perseverance pays*

**dyfnder**

**allan o'm dyfnder / dyfn** sefyllfa sydd y tu hwnt i'm gallu i'w rheoli, yn debygol o arwain at ddyfroedd dyfnion *out of my depth*

**dyfnder a eilw ar ddyfnder** Llyfr y Salmau. Ymateb ysbryd dyn i Dduw *deep calleth unto deep*

**dyfnder gaeaf** ganol gaeaf *the depths of winter*

**dyfnder nos** cefn nos, ganol nos *the dead of night*

**o ddyfnder calon** o waelod fy nghalon *from the depths of my heart*

**dygnu arni** dal ati *to keep at it*

**dyn**

**dyn mawr bach a dyn bach mawr** y gwahaniaeth rhwng dyn o bwys sy'n ymddwyn yn ostyngedig a dyn dibwys sy'n hunanbwysig

**dyn yn y stryd,** y rhywun sy'n ymgorffori barn a chwaeth 'pobl gyffredin' *the man in the street*

**fel y bydd y dyn y bydd ei lwdn,** hefyd **tebyg i ddyn fydd ei lwdn** plant yn etifeddu'r un priodoleddau â'u rhieni *like father, like son*

**gellir mynd â'r dyn o'r Llan ond ni ellir mynd â'r Llan o'r dyn** anodd cuddio gwreiddiau *you can take the boy out of the valleys, but you can't take the valleys out of the boy*

**dyrnu** gwahanu'r grawn oddi wrth y gwellt drwy ei ffusto (taro â ffust); hefyd am unrhyw weithred o daro parhaus

**dyrnu gwellt** cyflawni gwaith ofer, dibwrpas *a waste of time and effort*

**dysgl**

**dal y / cadw'r ddysgl yn wastad** cadw cydbwysedd rhwng dau neu ragor o bethau gwrthgyferbyniol *to keep on an even keel*

**echel**

> **taflu / bwrw rhywun oddi ar ei echel** tarfu ar drefn mewn ffordd sy'n peri i rywun golli ei le neu fethu canolbwyntio oherwydd i chi dorri ar ei draws *to throw off balance*

**echnos**

> 'Echnos – gwych ddinas Rhufain, / Heno – tre'r morgrug mân.' 'Tanau', I. D. Hooson
> **edau rhy dynn a dyr** am berthynas ddwys iawn, neu gariad angerddol

**edrych**

> **edrych yn gam ar rywun** gwgu, edrych yn feirniadol *to give someone an old-fashioned look*
> **edrych yn llygad y geiniog** bod yn ymwybodol o bob ceiniog o'ch eiddo, bod yn ddarbodus, bod yn gynnil *to be parsimonious*
> **mae'n well gen i iddo fo edrych arna i, i edrych ydw i'n edrych arno fo, nag i mi edrych arno fo, i edrych ydy o'n edrych arnaf i**

**eglwys**

> **gwneud melin ac eglwys ohoni** cyflawni gwyrthiau *to do miracles*
> **nesaf i'r eglwys, pellaf o baradwys** mae perygl mewn meddwl bod mynychu gwasanaethau'n rheolaidd yn ffordd i'r nefoedd

**ei gilydd**

> **at ei gilydd** ar y cyfan; a siarad yn gyffredinol *on the whole*

**eiddo Cesar i Gesar ac eiddo Duw i Dduw** ateb Iesu Grist i gyfreithwyr a ofynnodd iddo a oedd yn talu trethi i Gesar; pethau'r byd i'r byd, pethau'r ysbryd i Dduw

**eilwaith**

> **yn awr ac eilwaith** yn awr ac yn y man *now and again*

**eira**

blwyddyn o eira, blwyddyn o lawndra (cf. gaeaf glas, mynwent fras)

**lle heno eira llynedd** chwilio am rywbeth na ddaw byth yn ôl

**eira mân, eira mawr** mae plu eira bychain yn golygu y bydd llawer o eira'n disgyn

**eirlysiau**

'Gwyn, gwyn / Yw'r gynnar dorf ar lawr y glyn' 'Eirlysiau', Waldo Williams

**eistedd**

**ar fy eistedd** yn eistedd i fyny *sitting up*

**eistedd ar ben y tân** eistedd mor agos byth ag y medrwch at y tân

**eithaf**

**eithaf gwaith â fo** dyna'i haeddiant *serves him right*

**eithaf peth** nid drwg o beth *just the job*

**elfen**

**yn fy elfen** wrth fy modd *in my element*

**eli**

**eli ar friw** cysur, rhywbeth sy'n lleddfu poen *a balm*

**eli at bob dolur** am rywun sydd ag ateb rhwydd i bob problem *an answer for every problem*

**eli i bob drwg, amynedd** *patience is a virtue*

**eli'r galon** hen ddisgrifiad o dybaco; chwerthin *tobacco (historic); laughter*

**eli penelin** nerth bôn braich wrth roi sglein ar rywbeth; chwys *elbow grease*

**mae eli i bob dolur ond hiraeth** does dim gwella rhag hiraeth

**elin ac arddwrn** trosiad am ddau beth sy'n agos iawn at ei gilydd, yn anwahanadwy

**elw**

**ar fy elw** yn eiddo i mi *mine*

**enaid**

**enaid byw** mewn ymadrodd negyddol 'dim enaid byw', neb *no-one* 'enaid hoff, cytûn' 'Y Lôn Goed', R. Williams Parry *soul-mate*

poeni f'enaid gofidio; poeni'n fawr *to be worried stiff*

**ennill**

ar ei ennill elwa *to be better off*

ennill y dydd / ennill y maes trechu; gorchfygu *to carry the day*

ennill fy mhlwyf cael fy nerbyn, cael fy nghydnabod *to gain acceptance*

ennill fy nhamaid ennill fy mywoliaeth

**eos bren** canwr gwael *a hopeless singer*

**erchwyn gwely** ochr y gwely *bedside*

**ers talm / erstalwm** 'slawer dydd; amser maith yn ôl *a long time ago*

**ers tro byd** ers amser hir *this many a day*

**erthylu'r gaeaf** awgrym bod cawod o eira'n gynnar yn y gaeaf yn golygu na fydd yn aeaf caled

**esgid**

mae'r esgid fach yn gwasgu [mewn man na wyddoch chwi]

esgid fach yn awgrymu 'merch'

1. cariad dirgel yn pwyso

2. yn gyffredinol, bywyd caled

**esgidiau**

bod / sefyll yn esgidiau rhywun cymryd lle rhywun (mewn brawddeg negyddol fel arfer, e.e. 'ni hoffwn i ...' *to be in someone's shoes*

mynd yn rhy fawr i'm hesgidiau mynd yn hunanbwysig *getting too big for my boots*

**esgud**

esgud dy droed ysgafndroed *fleet of foot*

esgud i wrando parod i wrando; ymadrodd henffasiwn, beiblaidd *a ready listener*

**esgyrn**

esgyrn eira gweddillion eira yn y cloddiau wrth iddo ddadmer *patches of snow*

**esgyrn sychion** amlinelliad moel; sgerbwd o gynllun, syniad a.y.b. *them dry bones*

**estyn**

**estyn cic** anelu cic *to give a kick*

**estyn fy mhump** ysgwyd llaw *to shake hands*

**estyn llaw** cynnig cymorth *to give a hand*

**estyn gwahoddiad** gwahodd *to extend an invitation*

**euog**

**yr euog a ffy** (sy'n ffoi) **heb neb yn ei erlid** dyma effaith cydwybod euog ar ddyn

**ewin / ewinedd**

**â'm deng ewin** â'm dwy law, ymdrechu'n galed; rhoi pob gewyn ar waith *with all my might*

**mae rhyw gythraul dan bob ewin** mae rhyw broblem ynghlwm wrth bopeth, bron *there's always a catch*

**tynnu'r ewinedd o'r blew** paratoi o ddifrif i gyflawni rhyw waith *to roll up one's sleeves*

**ewyllys**

**yn groes i'w ewyllys** yn erbyn ei ewyllys; o raid *against his will*

# F

**fagddu** talfyriad o **Afagddu / Fagddu,** mab Ceridwen y wrach a
Thegid Foel. Yr oedd Afagddu mor hyll nes y penderfynodd
ei fam greu swyn a fyddai'n rhoddi iddo holl wybodaeth y
byd i wneud yn iawn am y cam
**fel y fagddu** yn hollol dywyll; tywyll fel bola buwch
**hyll fel Afagddu / y fagddu**

**fei**
**dod i'r fei** dod i'r golwg; ymddangos

**fel**
**yr un fel â** yn yr un ffurf; yn yr un modd neu ddull *the
same as*

**felly**
**felly mae hi** dyma fel y mae *that's the way it is*

**fi**
**y Fi fawr** rhywun sy'n llawn ohono'i hun *egocentric*

**fyl, hyd y** yn llawn hyd yr ymyl *full to the brim*

**fyny, ar i** mewn hwyliau da, yr ysbryd yn codi *on the up and up*

**ffaglu**

> **ei ffaglu hi** coedio; mynd yn gyflym *belting along*

**ffair**

> **ar ffair** o 'ffeirio', cyfnewid *in exchange for*

**ffair²**

> **drannoeth y ffair** y salwch sy'n dilyn gorddathlu; yn rhy hwyr *the morning after the night before; too late*

**ffasiwn beth** y fath beth *such a thing*

**ffau'r llewod** rhywun sy'n mentro'n ddewr i sefyllfa beryglus. Yn y Beibl, yn hytrach na gwadu ei ffydd, penderfynodd Daniel wynebu ffau'r llewod *the lions' den*

**ffedog**

> **yn dynn / yn sownd wrth linynnau ffedog ei fam** plentyn ofnus, neu fachgen merchetaidd *tied to his mother's apron-strings*

**ffest y cybydd** tafelli o gig moch wedi eu coginio ar wyneb tatws mewn sosban

**ffidil**

> **rhoi'r ffidil yn y to** rhoi'r gorau i rywbeth *to give something up; to quit*

**ffilsyn ffalsach** gwenieithwr *a softsoaper*

**ffit biws** pwl o dymer gwyllt *a blue fit; a conniption*

**ffit ffat** sŵn esgidiau rhydd yn cerdded hyd y llawr

**fflamia**

> **Go fflamia!** Damo! *Damn it all!*

> **mynd fel fflamia** mynd yn gyflym; fel cath i gythraul *going like the clappers*

**Fflint, Y**

> **cario glo i'r Fflint** *carrying coals to Newcastle*

**ffliwt**

> **mynd yn ffliwt** yn ofer; mynd i'r gwellt *to fall to pieces*

**ffoi**

'Ni wnawn, wrth ffoi am byth o'n ffwdan ffôl, / Ond llithro i'r llonyddwch mawr yn ôl' 'Dychwelyd', T. H. Parry-Williams

**ffôl**

**ddim yn ffôl** ddim yn ddrwg *not bad*

**ffon**

**ffon fara** cynhaliaeth *the staff of life*

**ffon wen** pren collen heb risgl a anfonid at gyn-gariad merch ar ddiwrnod ei phriodas i ŵr arall

**ffordd**

**bod ar ffordd rhywun** bod yn rhwystr; sefyll yn ffordd rhywun *to be in someone's way*

**ffordd Damascus** profiad dwys sy'n arwain at argyhoeddiad newydd. Yn y Beibl, ar y ffordd i Ddamascus y trawyd Saul yn ddall ac y cafodd dröedigaeth i ddilyn Crist fel Paul

**ffordd yr holl ddaear** ymadrodd beiblaidd am farwolaeth *the way of all flesh*

**gosod / rhoi rhywun ar ben [y] ffordd** gosod plentyn ar y ffordd gywir am weddill ei oes; cynnig arweiniad i rywun *to set on the right track*

**mynd allan o'm ffordd** mynd i drafferth *to go out of my way*

**ffradach**

**wedi mynd yn ffradach** wedi mynd yn draed moch; yn rhy wael i'w adfer *gone pear-shaped*

**ffraeo**

**rhaid cael dau i ffraeo** nid un yn unig sydd ar fai pan fydd cwympo mas *it takes two to tango*

**ffroenuchel** nawddoglyd; talog; trahaus *haughty*

**ffrwst, ar** ar frys mawr *in a rush*

**ffrwyn**

**a'r ffrwyn ar fy ngwar** cael rhedeg yn rhydd heb neb yn tynnu'r awenau *to give free rein*

**rhoi'r ffrwyn ar [rywun]** cadw dan reolaeth *to restrict*

**rhoi'r ffrwyn i [rywun]** gollwng yn rhydd o reolaeth y
ffrwyn *to give a free head*
**ffrwythau**
> **wrth eu ffrwythau yr adnabyddwch hwy** wrth yr hyn a wna
> rhywun mae ei adnabod, nid yr hyn a ddywed. Yn Efengyl
> Mathew, dyma'r ffordd i adnabod y gau broffwyd, y blaidd
> mewn croen dafad *by their deeds shall you know them*

**ffwr-bwt** cwta, sydyn *suddenly*
**ffwrdd-â-hi** heb boeni na thrafferthu'n ormodol *off the cuff*
**ffwtit** gêm neidio dros gefn rhes o bobl eraill yn eu cwrcwd
  *leapfrog*
**ffys / ffws a ffwdan** trafferthus

**gaeaf**

**byrhau'r gaeaf** am ddigwyddiad neu weithgarwch sydd mor
ddiflas fel mai dyma'r gorau y gellir ei ddweud amdano
**gaeaf glas, mynwent fras** bydd llawer yn marw mewn gaeaf
mwyn (cf. **blwyddyn o eira, blwyddyn o lawndra**)
**gaeaf gwyn, ysgubor dynn** mae cael gaeaf o rew ac eira'n
sicrhau y bydd y cynhaeaf yn un da

**gafael**

**ailafael** ailddechrau *to take up again*
**bob gafael** bob cyfle *at every opportunity*
**cael gafael ar** cydio, deall, amgyffred *to get hold of;
to understand*
**cymryd gafael yn** cydio yn, e.e. fy llaw *to take hold of*
**dal gafael ar / yn** peidio â gollwng; cydio'n dynn *to hold
on to*
**mae'n gafael** tywydd oer sy'n brathu *biting cold*
**mynd i'r afael â rhywbeth** mynd ati o ddifrif *to get to grips
with*

**gafr**

**fel gafr ar daranau** ymadrodd yn disgrifio bod yn nerfus;
pryderus *cat on a hot tin roof*

**gair**

**ar y gair** yr union adeg y mae rhywbeth yn cael ei ddweud
*on the dot*
**cael gair** sgwrs fach, neu air teg am ddweud y drefn; rhoi
pryd o dafod *to have a word with*
**cael y gair [am]** meithrin enw am, e.e. cael y gair am fod yn
lletchwith *to get a reputation for*
**gair am air** yn llythrennol *verbatim*
**gair bach** araith fer *a quick word*
**gair byr** *a few words*
**gair ciprys** cwyn cysetlyd *a cavil*

**gair da** canmoliaeth, clod *a good word*

**gair dros ysgwydd** rhyw addewid na fwriedir ei gadw *an empty promise*

**gair i gall, ffon i angall** rhybudd i rywun sy'n barod i wrando, ond cweir i rywun nad yw'n gwrando *a word to the wise*

**gair yn ei bryd** mae gair ar yr adeg gywir yn werthfawr iawn *a timely word*

**gair teg** disgrifio rhywbeth yn y ffordd fwyaf caredig fel ymgais i liniaru'r effeithiau gwaethaf, e.e. 'bu cryn drafod' yn lle 'bu uffach o helynt' *a euphemism*

**gair yng ngair** pob gair a ddywedwyd neu a ysgrifennwyd **'Gwae inni wybod y geiriau heb adnabod y Gair'** 'Ar Gyfeiliorn', Gwenallt, lle mae 'y Gair' yn cyfateb i'r gair Groeg *logos*, 'gair Duw ar waith', sef Iesu Grist

**hanner gair** awgrym *a suggestion*

**hen air** dihareb, dyfyniad neu wireb *a maxim*

**mewn gair** yn fyr ac yn gryno *in a word*

**rhoi fy ngair** addo *to give my word*

**waeth un gair na chant** mae un gair priodol yn werth cant o eiriau amherthnasol

**y Gair** Crist, y *Logos* yn Efengyl Ioan *the Word (of God)*

galw

**at alw** at wasanaeth *for use by*

**galw enwau ar** difenwi *to call someone names*

**galw heibio** ymweld â *to call by*

**galw i gyfrif** gofyn i rywun egluro rhywbeth *to call to account*

**yn ôl y galw** fel y bo'r angen *as required*

garw

**torri'r garw** yn amaethyddol, proses o baratoi tir i'w aredig; yn ffigurol, torri'r ias, neu baratoi'r ffordd am newyddion drwg

**un garw** (gogledd) rhywun galluog sydd â diddordeb mawr mewn maes arbennig, e.e. un garw am arian *quite a one*

**gau broffwydi** rhai sy'n plygu'r gwirionedd ac yn twyllo, yn arbennig rhai sy'n rhagfynegi pethau yn y dyfodol er eu lles eu hunain *false prophets*

**geirda** tystiolaethu i gymeriad, fel cyflogwr neu gyfaill *a character reference*

**genau**

**genau oer a thraed gwresog a fydd byw hir** dyma'r cyfuniad gorau i fyw yn hen

**o enau plant bychain** [y ceir nerth i ostegu'r gelyn] gan y gwirion (y diniwed) y ceir y gwir. Llyfr y Salmau *from the mouths of babes and sucklings*

**yng ngenau'r sach mae cynilo'r blawd** dylid cynilo pan fydd digon i'w gael (nid ar waelod y sach pan fydd yn rhy hwyr)

**geni**

**heb wybod ei eni** heb wybod am galedi ac anawsterau bywyd *he doesn't know he's born*

**glan**

**cyrraedd glan / dod i'r lan** llwyddo (ar ôl cryn ymdrech), cf. **boddi yn ymyl y lan** *to reach the shore*

**yn nes i'r lan** ar y ffordd i lwyddo, neu gyrraedd rhyw nod *somewhat nearer*

**glaw gogor sidan** glaw tyner y gwanwyn *soft rain*

**glo**

**glo brig** *opencast coal*

**glo mân** manion sydd angen eu trafod *the nitty-gritty*

**rhoi gormod o lo ar y tân** mae gormod o lo ar dân bach yn ei fygu; gormod o bwdin dagith gi

**torri glo mân yn glapiau** gw. **torri**

**gloddest**

**gloddest awr a newyn blwyddyn** mae pleser tymor byr yn gallu arwain at broblemau tymor hir *short-term gain, long-term pain*

**gloywi**

**ei gloywi hi** dianc, rhedeg i ffwrdd *to scarper*

**gloywi gleuod** caboli darnau sych o ddom da, gwneud i rywbeth gwael swnio'n dda *to put a positive spin on*

**glyn**

'**glyn cysgod angau**' o Salm 23 *the valley of the shadow of death*

**go iawn** heb fod yn ffug *genuine*

**go lew** eithaf da *fair to middling*

**gobaith**

'**Beth yw Gobaith? Y gwybod – / O dan y bai – fod da'n bod**' 'Epigramau', T. Llew Jones

**dim gobaith caneri** yr oedd yn arfer gan lowyr i fynd â chaneri dan ddaear i brofi lefel nwyon peryglus. Os oedd yr aderyn yn trigo, roedd yn arwydd o berygl *a snowball's chance in hell*

**dim gobaith mul yn y Grand National** (ras geffylau flynyddol) anobeithiol *fat chance*

**gofid calon** achos pryder mawr *heartache*

**gofyn**

**mae gofyn** (+ berfenw, e.e. bod yn ofalus) mae angen bod yn ofalus

**mae gofyn am** mae angen *this calls for*

**mynd ar ofyn** gofyn cymwynas *to seek a favour*

**yn ôl y gofyn** yn ôl y galw *according to demand*

**gog** cwcw (gw. **cog**)

**Gog** gair y de am rywun o'r gogledd

**golchi**

**golchi traed yr alarch yn wyn** gwaith di-fudd, dibwrpas *a waste of time and effort*

**golau**

**rhwng dau olau** yn y gwyll; yn y cyfnos *twilight*

**goleuni**

'**bydded goleuni**' gorchymyn Duw wrth greu'r byd. Llyfr Genesis *fiat lux; let there be light*

**goleuo**

**ei g'leuo hi** (gogledd) dianc cyn gyflymed â goleuni *to leg it*

**golwg**

**ar un olwg** o un safbwynt *in one respect*

**bwrw golwg dros** edrych *to take a look at*

**cael golwg ar** cael cip ar; edrych ar *to take a look at*

**does gen i fawr o olwg ar** dydw i ddim yn meddwl llawer o ... *(I) don't think much of ...*

**golwg bell** heb ganolbwyntio; y meddwl yn bell *a faraway look*

**i bob golwg** yn ymddangosiadol *to all appearances*

**mae gen i dipyn o olwg ar** rwy'n cymeradwyo; rwy'n edmygu *I've got a lot of time for ...*

**yn fy ngolwg i** yn fy marn i *in my view*

**yn ôl pob golwg** yn ymddangosiadol *to all appearances*

**gollwng**

**gollwng deigryn** gwneud dŵr *to take a leak*

**gollwng dŵr** heb fod yn ddwrglos *to leak*

**gollwng gafael** rhyddhau gafael; methu dal gafael *to loosen one's grip*

**gorau**

**am y gorau** cystadlu i fod yn gyntaf *first past the post*

**cael y gorau ar** trechu, gorchfygu *to get the better of*

**gorau cof, llyfr**

**gorau glas** gorau posibl *the very best*

**gorau gwaith, gobeithio** *hope well, have well*

**gorau i gyd** y peth gorau fyddai *all the better*

**gorau po gyntaf** mor gyflym ag sy'n bosibl *the sooner, the better*

**gorau un / gorau oll** y peth gorau *best of all*

**o'r gorau** popeth yn iawn *very well*

**gordd**

**dan yr ordd** ffurf unigol **dan y gyrdd** dan bwysau; cael beirniadaeth hallt *under the cosh*

**gorffennol**

**mae'r gorffennol yn taflu ei gysgod trosto** mae digwyddiadau'r gorffennol yn dylanwadu ar y presennol

**gorffwys**

gorffwys ar y rhwyfau rhoi'r gorau i ymdrechu, gyda'r awgrym bod yr hyn oedd ei angen wedi ei gyflawni *to rest on one's laurels*

gorffwys yn gynnar gaiff godi'n fore mae codi'n fore'n rhinwedd; bachan bore *early to bed, early to rise*

**goriwaered**

mynd ar y goriwaered dirywio'n sydyn, am sefyllfa sy'n gwaethygu *going downhill*

**gormod**

gormod ar fy mhlât / nhreinsiwr (hen air am blât) gormod o bethau i'w gwneud *too much on my plate*

gormod o heyrn yn y tân gormod o bethau ar y gweill ar yr un pryd; methu dod i ben â gorchwylion (gydag awgrym o fod yn farus) *too many irons in the fire*

**gorwedd**

'Rwy'n gorwedd efo'r hwyr,
Ac yn codi efo'r wawr,
I ddilyn yr og, ar ochr y Glog' 'Yr Arad Goch' Ceiriog

**gorwel**

ehangu / lledu gorwelion cael profiadau newydd neu ddysgu pethau newydd; ehangu gwybodaeth

'y gŵr sydd ar y gorwel' Gerallt Lloyd Owen. Ymadrodd cyfoes am y mab darogan a ddaw i achub ei genedl yn nydd ei hangen gw. **mab darogan, y**

**gosteg**

ar osteg term technegol o faes y Gyfraith yn golygu 'wedi galw am ddistawrwydd'

**gostwng garrau** ymostwng; plygu glin *to curtsy*

**grawnwin surion** dilorni rhywbeth na allwch ei gael.
Yn 'Chwedlau Aesop', cawn hanes llwynog sy'n methu cyrraedd y grawnwin am eu bod yn rhy uchel ar y winwydden. Mae'n datgan wedyn nad oedd arno'u heisiau bellach gan y buasent yn siŵr o fod yn sur *sour grapes*

**grym**

**rhoi mewn grym** gosod ar waith; dechrau gweithredu *to put into effect*

**gwadn**

**ei gwadnu hi** rhedeg i ffwrdd *to skedaddle*

**o wadn y droed hyd y corun** y corff cyfan *from head to foot*

**gwae**

'Gwae fi fy myw mewn oes mor ddreng, / A Duw ar drai ar orwel pell' 'Rhyfel', Hedd Wyn

'Gwae fi o'm genedigaeth. Da o ddwy ynys a ddifethwyd o'm hachos i.' Geiriau olaf Branwen yn ail gainc 'Pedair Cainc y Mabinogi'

**gwaed**

**am fy ngwaed** am fy ngheryddu neu fy nghosbi *after my blood*

**gwaed coch cyfan** perthynas agos *a blood relative*

**gwaed ifanc** pobl ifainc *young people*

**gwaed yn berwi** colli tymer, teimlo'n ddig iawn *[makes] my blood boil*

**hyd at waed** ymladd nes bod gwaed yn llifo *a bloody fight*

**mae gwaed yn dewach na dŵr [ac yn berwi'n gynt]** bydd teyrngarwch rhywun i deulu'n gyntaf [ond bydd perthynas yn gweld chwith ynghynt na rhywun dieithr] *blood is thicker than water*

**mewn gwaed oer**

1. yn wrthrychol; heb emosiwn ac yn ddiragfarn

2. (am weithred ysgeler) wedi ei chynllunio ymlaen llaw, nid yng ngwres y funud *in cold blood*

**yn fy ngwaed** yn rhan o'm natur; yn gynhenid *in the blood*

**gwaeth**

**ta waeth** beth bynnag *whatever*

**waeth gen i** does dim gwahaniaeth gennyf *it makes no difference to me*

**waeth imi** man a man *may as well*

**waeth imi heb** man a man imi beidio *may as well not*

**gwaethaf**

> **er fy ngwaethaf** methu, er i mi wneud fy ngorau glas *despite my best efforts*
>
> **gwaetha'r modd** yn anffodus *worse luck*

**gwagedd o wagedd** (gwagedd yw'r cwbl) rhybudd yn Llyfr y Pregethwr mai ofer a di-werth yw holl bethau'r byd

**gwaith**

> **cael gwaith** cael trafferth, e.e. cael gwaith siarad ar ôl dringo mynydd *to have difficulty*
>
> **gwaith awr / pum munud** cyfnod o amser, e.e. gwaith awr o daith
>
> **gwaith caib a rhaw** gwaith llafurus, caled, yn aml â'r ystyr o baratoi ar gyfer rhywbeth gan ddechrau trwy dorri tir *spadework*
>
> **gwaith celfydd, celu rhin** gwaith mawr a chaled yw gwneud i ddarn o waith celf apelio'n syth
>
> **rhoi pob gewyn ar waith** gweithio'n galed iawn *to strive with might and main*
>
> **rhyw waith heblaw gweithio** caiff ei ddweud am rywun diog nad oes gwaith yn ei groen

**gwallt**

> **a'm gwallt am ben fy nannedd** mewn hwyliau drwg *in a bad mood*
>
> **gwallt y Forwyn** cymylau uchel ysgafn *cirrus clouds*

**gwar**

> **bod ar war rhywun** bod ar ôl rhywun, pallu rhoi llonydd i rywun *to be on someone's back*
>
> **gwneud gwar** crymu cefn i dderbyn cosfa; yn ffigurol paratoi ar gyfer cerydd *to make a back*

**Gwared y gwirion!** ebychiad (A'n gwaredo!) *Save us!*

**gwaredu rhag** synnu at rywbeth ffôl neu ddrwg; defnydd yn deillio o Weddi'r Arglwydd i'n 'gwared ni rhag drwg'

**gwargaled** ystyfnig a gwrthnysig *brazen*

**gwarthaf**

> **ar ein gwarthaf** ar fin disgyn ar ein pennau *it's upon us*

**gwas**

gwas da a meistr drwg arian, tân a dŵr

mae gwas da yn dod â'i gyflog gydag ef mae gweithiwr da
yn talu amdano'i hunan

**gwasgu ar rywun**

1. rhoi pwysau ar rywun, perswadio *pressurise*
2. achosi tostrwydd (stumog)

**gwasgwch arni** cyflymwch *press on!*

**gwawr**

'Tydi a roddaist liw i'r wawr / A hud i'r machlud mwyn'
emyn 'Tydi a Roddaist', Arwel Hughes a T. Rowland Hughes

**gwedd**

ar ei newydd wedd yn ei ffurf newydd *a new look*

ar un wedd ar un olwg *on the one hand*

pryd a gwedd golwg (rhywun) *(physical) features*

**gweddw**

gweddw crefft heb ei dawn rhaid wrth ddawn er mwyn
meistroli crefft

**gwegil**

troi gwegil troi cefn ar; anwybyddu; peidio â chael dim i'w
wneud â rhywbeth / rhywun *to turn one's back on*

**gwehilion cymdeithas** y math gwaethaf o bobl *the dregs of society*

**gweill**

ar y gweill rhywbeth rydych chi wrthi'n gweithio arno, yn
cyfeirio at weill gwau *on the go*

**gweld**

cawn weld ffordd o osgoi penderfyniad (yn arbennig ateb
oedolyn i blentyn): 'Ga i fynd i'r gêm ddydd Sadwrn?' 'Cawn
weld.'

ddim yn gweld ymhellach na'i drwyn rhywun nad yw'n
gweld posibiliadau pethau *he can't see further than his nose*

ei gweld hi yn ei dirnad; yn ei deall *to get it (understand)*

'Gwêl uwchlaw cymylau amser, / O fy enaid, gwêl y tir'
'Y Nefol Wlad', Islwyn

gweld bai beio *to see faults*

98

**gweld chwith** dechrau ffromi; colli amynedd *to take amiss*

**gweld eisiau** gweld angen; teimlo colli *to miss*

**gweld golau dydd** cael ei eni *to see the light of day*

**gweld yn dda** ffordd lednais o ofyn i rywun am rywbeth neu i ganiatáu rhywbeth 'Os gwelwch yn dda' *if you please*

'**Ni cheir gweled mwy o'n hôl / Nag ôl neidr ar y ddôl**' bywyd dyn. Y Ficer Prichard

**gwely**

Mae mwy nag un ffordd o gael Wil i'w wely mae mwy nag un ffordd o gyflawni rhywbeth *there are more ways of killing a cat than choking it with cream*

**gwell**

**er gwell neu er gwaeth** beth bynnag a ddaw i'm rhan *for better, for worse*

**gwell caswir a glwyfa na chelwydd a fwytha** *better to face the truth*

**o flaen fy ngwell** gerbron llys barn *before my betters*

**gwellt**

**mynd i'r gwellt** mynd yn fethiant *going to the dogs*

**gwên**

**gwên deg a gwenwyn dani** rhywun ymddangosiadol gyfeillgar ond sydd yn wir elyn *a false smile*

**gwên gaws** gwên ffug (fel ffotograffydd yn gofyn ichi ddweud *cheese* cyn tynnu llun) *a cheesy grin*

**gwendid y lleuad** y lleuad ar ei gwendid *a waning moon*

**gwenith gwyn** gwenith aeddfed *ripe corn*

**gwennol**

**un wennol ni wna wanwyn** gochelwch rhag cael eich twyllo gan ffug arwyddion *one swallow doesn't make a spring*

**gwenu**

**gwenu / yn wên o glust i glust** gwenu'n llydan; gwenu fel giât *to smile / grin from ear to ear*

**gwenu yn fy nwrn** chwerthin yn ddirgel *laughing up my sleeve*

**gwerin**

'**Cudd fy meiau rhag y werin**' William Williams, Pantycelyn

'Duw gadwo fy ngwerin, hen werin y graith' 'Caru Cymru',
Crwys
'Y werin gyffredin, ffraeth' 'Major Hamlet', R. Williams
Parry

**gwerth**

**gwerth y byd** ffordd o ganmol rhywun yn fawr yw dweud ei
fod 'yn werth y byd i gyd yn grwn' *pure gold (person)*
'Mae'n gwybod pris popeth / Heb wybod gwerth dim'
'Dim ond Masnachwr', Sarnicol (Thomas Jacob Thomas,
epigramydd)

**gwerthu lledod** dweud rhywbeth (gwir neu beidio) er mwyn
plesio; gwenieithu *to soft-soap*

**gweryru fel gafr y gors** chwerthin yn uchel *to bray with
laughter*

**gwich**

**cyd gwicho'r fen hi a ddwg ei llwyth** pan fydd rhywun yn
peidio achwyn, dyna pryd y mae angen gofidio *creaking
doors last the longest*

**gwingo yn erbyn y symbylau** peth poenus ac ofer. Swmbwl oedd
y pren pigfain a ddefnyddid i sicrhau bod ceffyl neu ych yn
dal i dynnu'r aradr *to kick against the pricks*

**gwin y gwan** cynghanedd sy'n cyfateb i Guinness

**gwir**

**cyn wired â phader** mor wir â Gweddi'r Arglwydd (pader)
*Gospel truth*

**y gwir cas / y gwir moel** *the plain truth*

**Wir yr!** *Honestly and truly!*

**Yn wir 'i wala!** Reit 'i wala! *Honestly and truly!*

**gwirion**

**gan y gwirion y ceir y gwir** *simple but honest*

**gwirioni**

'nid yw pawb yn gwirioni'r un fath' 'Dic Aberdaron',
T. H. Parry-Williams

**gwobr**

'Mynd oddi wrth ei wobr at ei waith' tynged y gwir fardd

yn ôl R. Williams Parry yn 'Deg Gorchymyn i Feirdd': ar ôl
ennill cystadlaethau mae'r gwaith yn dechrau

**gwlad**

**gwlad yr addewid** y wlad a addawyd i Moses gan Dduw yn y
Beibl *the promised land*

**Gwlad y Gân** enw ar Gymru *The Land of Song*

**gwlad y medra** Sir Fôn

**Gwlad y Menig Gwynion** enw ar Gymru o ddiwedd oes
Fictoria, pan oedd yn arferiad cyflwyno pâr o fenig gwynion
i farnwr os nad oedd ganddo achosion i'w gwrando (felly
roedd hon yn wlad lle roedd pawb yn parchu'r gyfraith ac yn
ei chadw)

**gwlad yn llifeirio o laeth a mêl** gwlad yr addewid; rhywle
neu rywbeth delfrydol; tarddiad beiblaidd *a land flowing
with milk and honey*

**llond gwlad** pentwr; toreth *bags of*

**gwlanen**

**hen wlanen o ddyn** un heb ruddin cymeriad na grym
ewyllys *he's a bit of an old woman*

**gwlith**

**rhif y gwlith** cynifer fel na allwch eu cyfrif

**gwlychu'r big** mynd am rywbeth i yfed *to wet my whistle*

**gwneud**

**gwneud amdanaf fy hun** lladd fy hun *to do myself in*

**gwneud cam â** bod yn anghyfiawn *to do someone a disservice*

**gwneud chwarae teg â** gwneud cyfiawnder â *to do the right
thing by*

**gwneud dŵr** piso

**gwneud fy marc** gadael fy ôl

**gwneud fy musnes** cachu

**gwneud llygaid bach ar** gw. llygaid

**gwneud môr a mynydd** chwyddo rhyw broblem y tu hwnt i
bob rheswm *to make a mountain out of a molehill*

**gwneud sbort / hwyl am ben rhywun** gwawdio, dilorni

**gwneud y tro** yn ddigonol (ond dim mwy na hynny) *it'll do*

**gwraidd**

'Ba rin i bren heb ei wraidd?' pa ddaioni a ddaw o bren (dyn) heb wreiddiau? 'Ein Tir', B. T. Hopkins

**hyd y gwraidd** i'r eithaf; yn llwyr *completely*

**wrth wraidd** yn y bôn; yr hyn sy'n gyfrifol am rywbeth *at the root of*

**gwres**

**cael fy ngwres** cadw'n gynnes (e.e. trwy symud, gweithio) *to keep warm*

**cael / teimlo gwres fy nhraed** gorfod rhedeg yn gyflym *to get a move on*

**gwrthod yn lân** pallu *to refuse*

**gwrychyn** blew ar gefn anifail

**codi gwrychyn** cynhyrfu; anesmwytho; fel y dengys gwrychyn yn codi ar gefn anifail *to raise someone's hackles*

**gwth**

**mewn gwth o oedran** hen iawn

**gwthio**

**gwthio fy mhig i mewn** busnesa *sticking my beak in*

**gwthio i'r dwfn** mentro i ddyfroedd dyfnion

**gwybedyn**

**gwybedyn y dom a gwyd uchaf** un sy'n gyfarwydd â bryntni a baw sy'n llwyddo yn y byd

**gwybedyn yn yr ennaint** drwg yn y caws; ymadrodd beiblaidd am rywbeth sy'n dda iawn ac eithrio un broblem fach sy'n amharu arno *a fly in the ointment*

**lled adain gwybedyn / lled swllt** cul iawn

**gwybod**

**a ŵyr leiaf a ddywed fwyaf** *empty vessels make the most noise*

**gwybod ar dafod leferydd** medru adrodd air am air o'r cof *off by heart*

**gwybod be' 'di be'** dallt y dalltings; gwybod yn union beth yw'r sefyllfa; dealltwriaeth arbenigol am rywbeth *to know what's what*

**gwybod ei hyd a'i led** adnabod rhywun yn dda; **gwybod union faint tasg**

**gwybod fy mhethau** gwybod fy ngwaith *to know my stuff*

**gwybod lle rwy'n sefyll** gwybod barn eraill amdanaf; **gwybod beth yw fy sefyllfa** *to know where I stand*

**gwybod wrth ba bost i rwbio** gwybod pwy sydd angen ei seboni er mwyn cael cymwynas *to know where to go for a favour*

'**gwybydd fesur dy droed dy hun**' gorau adnabod, adnabod dy hun *know thyself*

**gwych**

**bydd wych** da bo; ffarwél

**y gwych a'r gwachul** y ddau eithaf *the sublime and the gorblimey*

**gŵydd**

**rhoi gofal yr ŵydd i'r cadno** rhoi rhywbeth gwerthfawr dan ofal rhywun na ellir ymddiried ynddo; rhoi allwedd cwt ffowls i gadno *entrusting the geese to the care of the fox*

**mae'r gwyddau yn y ceirch** dyma ddechrau trafferthion *the fat's in the fire*

**gwyddbwyll** yr enw a ddefnyddir heddiw am *chess*. Yn wreiddiol, roedd yn enw ar gêm fwrdd debyg (ond nid yr un fath) a oedd yn un o'r 24 camp yr oedd disgwyl i uchelwr allu eu meistroli yn yr Oesoedd Canol

**gwyliau**

**gwyliau coch y calendr** ar hen galendrau roedd yn arfer cofnodi dyddiadau pwysig mewn rhifau coch *red-letter days*

**gwylnos**

1. cyfarfod crefyddol anffurfiol a gynhelir y noson cyn angladd rhywun *watch-night (before a wake)*

2. cyfarfod crefyddol i groesawu'r flwyddyn newydd

**gwyll**

**rhwng gwyll a gwawl** *from dusk to dawn*

**gwyllt**

**cael y gwyllt** colli tymer *to lose your temper*

'**Y gwyllt atgofus bersawr**' 'Clychau'r Gog', R. Williams Parry

**gwyn**

    **gwyn fy myd** breintiedig; cysegredig *blessed*

**gwynfa** paradwys

    **Coll Gwynfa** *Paradise Lost*

    **gwynfa'r ynfyd** paradwys ffŵl *a fool's paradise*

**gwynt** *wind*

    **cael gwynt** cael achlust o; cael sibrwd o *to get a whiff*

    **cael gwynt dan fy adain** mynd i hwyl wrth annerch neu bregethu *to soar*

    **gweld sut mae'r gwynt yn chwythu** asesu'r sefyllfa er mwyn gweld pa un yw'r ffordd orau o weithredu; ymadrodd yn ymwneud â hwylio *to see which way the wind is blowing*

    **gwynt teg ar ôl** yn falch o weld cefn rhywun, o gael gwared â rhywun *glad to see the back of*

    **gwynt traed y meirw** gwynt main y dwyrain (y mae traed y meirwon yn draddodiadol yn wynebu'r dwyrain) *east wind*

    **gwynt yn nhwll y glaw** gwynt o gyfeiriad y de *southerly wind*

    **i'r pedwar gwynt** wedi cael ei chwythu i bob cyfeiriad heb obaith ei gael yn ôl *scattered to the four winds*

    '**y mae'r gwynt yn chwythu lle y myn**' fel ysbryd dyn, ni wyddys o ba le y daw nac i ba le mae'n mynd

    **mynd â'r gwynt o'i hwyliau** tarfu ar rywun yng nghanol rhywbeth *to take the wind from his sails*

    **rhywbeth yn y gwynt** awgrym fod rhywbeth ar ddigwydd, fel y bydd anifail yn ffroeni'r gwynt am arogl *something afoot*

    **synhwyro cyfeiriad y gwynt** deall y sefyllfa *to know which way the wind is blowing*

**gwynt²** anadl

    **a'm gwynt yn fy nwrn** yn brin o anadl (wedi rhuthro gan amlaf) *gasping for breath*

    **allan o wynt** wedi colli fy anadl *puffed*

**ar un gwynt**

1. ar un anadl; heb anadlu *in the same breath*
2. yn dweud pethau sy'n gwrth-ddweud ei gilydd, un ar ôl y llall

**cael fy ngwynt ataf** adfer ar ôl colli fy ngwynt *to get my breath back*

**siarad dan fy ngwynt** mwmial *to mutter*

**troi yng ngwynt ei gilydd** am bobl sy'n byw mewn cymuned glòs ar ben ei gilydd *living on top of each other*

**gwyntyllu** yr hen arfer o greu awel er mwyn er mwyn nithio'r grawn (trwm) oddi wrth yr us (ysgafn)

**gwyntyllu syniadau** taflu syniadau i ganol cwmni i'w hystyried *to brainstorm*

**gyda llaw** sylw wrth fynd heibio *by the way*

**gyddfau**

**yng ngyddfau ei gilydd** yn cwympo mas; yn ymrafael *at each other's throats*

**gyrdd** (ffurf luosog **gordd**) gw. **gordd**

**gyrru**

**gyrru ar** tynnu am, e.e. 'gyrru ar bump o'r gloch', 'gyrru ar ei ddeg a thrigain' *getting on for; approaching*

**gyrru ar rywun** erlyn; gwasgu ar rywun yn ddidrugaredd *to harass*

# H

**hadau beics** *ball-bearings*
**haden / hadyn**
>  **tipyn o hadyn** (gwrywaidd) **haden** (benywaidd) **tipyn o
>  gymeriad** *a card*

**haearn**
>  **haearn a hoga haearn** rhoi min ar gyllell; dau feddwl o'r un
>  ansawdd *it takes steel to whet steel*
>  **taro'r / curo'r haearn tra byddo'n boeth** achub y cyfle pan
>  fydd ar gael *to strike while the iron is hot*

**hael yw Hywel ar bwrs y wlad** mae'n hawdd bod yn hael gydag
arian rhywun arall
**haf**
>  'Gwelais fedd yr haf – heddiw / Ar wŷdd a dail, hardded
>  yw' 'Hydref', T. Gwynn Jones
>  'Gwynfyd yr ynfyd yw'r haf' 'Yr Haf', R. Williams Parry
>  **haf bach Mihangel** cyfnod o dywydd cynnes ddiwedd mis
>  Medi, dechrau mis Hydref *Indian summer*
>  'Marw i fyw mae'r haf o hyd' 'Yr Haf', R. Williams Parry
>  'yn llond ei groen ac yn gelwydd i gyd' dyfodiad haf bach
>  Mihangel. 'Celwydd', T. H. Parry-Williams

**hafod** y tir uchel lle byddai preiddiau'n cael eu hanfon i bori
adeg yr haf, yn yr hen ffordd o amaethu, cf. **hendre** *summer
dwelling*
**haid o locustiaid** mae'r locust yn aelod o deulu ceiliog y rhedyn
sy'n ddinistriol pan fydd yn heidio, gan reibio cnydau a'u
difrodi'n llwyr. Heddiw, grŵp mawr o bobl sy'n cyrraedd
yn sydyn ac yn llyncu, e.e. bwyd, diod. Tarddiad: plâu hanes
Moses yn y Beibl *a plague of locusts*
**hald** cam ceffyl
>  **ar fy hald** ar fy ffordd; ar fy hynt *on my way*

**halen**
>  **halen ar gynffon** dial; cosbi *salt on his tail*

**halen y ddaear** pobl sy'n arddel y gwerthoedd gorau *salt of the earth*

**halen yn y gwaed** am rywun sy'n forwr naturiol *born with salt in the blood*

**rhoi halen ar y briw** gwneud pethau'n llawer gwaeth *to rub salt into the wound*

**yn werth ei halen** yn werth yr hyn a delir iddo; yr oedd halen yn rhan o gyflog milwr Rhufeinig *worth his salt*

**handi**

go handi / reit handi yn gyflym; yn sydyn *quickly*

**hanner**

**Hanner munud!** ebychiad: Arhoswch! *Hang on!*

**hanner pan** yn ffigurol am rywun nad yw'n llawn llathen; yn wreiddiol am frethyn heb ei bannu'n iawn *half-baked*

**hanner uchaf ynteu'r hanner isaf?** llond llestr yfed (e.e. gwydr, cwpan) neu ei hanner?

**o'r hanner** o bell ffordd *by half*

**hap**

**adrodd ei hap a'i anhap** adrodd ei hynt a'i helynt *tell of his ups and downs*

**ar hap a damwain** yn hollol ddamweiniol *by chance*

**hardd pob newydd** mae pob ffasiwn newydd yn edrych yn ddeniadol *a novelty*

**hatling**

**hatling y weddw** cynnig y cyfan, er cyn lleied. Hanner ffyrling (yn yr hen arian) oedd gwerth hatling. Yn y Beibl, dyna'r cyfan oedd gan y weddw i'r roi yng nghasgliad y deml, ond roedd yn fwy gwerthfawr o'r herwydd *the widow's mite*

**mynnu / talu'r hatling eithaf** talu pob dimai o ddyled *to demand the last penny*

**hau**

**hau mewn llwch, plannu mewn llaid** cyngor rhywun profiadol o fyd amaeth

**hau'r gwynt a medi'r corwynt** dyma sy'n digwydd i

rywun sy'n tynnu problemau mawr i'w ben oherwydd ei
weithredoedd ffôl *to sow the wind and reap the whirlwind*
**Na heued y troednoeth hadau drain** *people who live in glass*
*houses shouldn't throw stones*
**haul**

**bwrw haul** bwrw glaw tra bo'r haul yn gwenu
**dan haul** yn y byd i gyd *under the sun*
**Fe ddaw eto haul ar fryn, / Nid ydyw hyn ond cawod** dros
dro y mae'r trybini, daw eto ddyddiau dedwydd
**haul y gwanwyn yn waeth na gwenwyn** yn dwyllodrus ac
yn eich temtio i wisgo llai *ne'er cast a clout till the may tree*
*is out*
**hawdd**

'**Hawdd yw dywedyd "Dacw'r Wyddfa", / Nid eir drosti**
**ond yn ara** haws dweud na gwneud. Anhysbys
**haws dweud na gwneud** *easier said than done*
**heb**

**heb os nac onibai** does dim dwywaith *without a doubt*
**heb siw na miw** yn gwbl ddistaw; dim smic *without*
*a sound*
**hedyn pob drwg, diogi** *laziness is the root of all evil*
**hedd**

'**Melys hedd wedi aml siom / Distawrwydd wedi storom'** ei
feddargraff ei hun gan Dewi Emrys
**heddiw**

'**dim ond heddiw tan yfory, / dim ond fory tan y ffair**' *never*
*do today what you can put off till tomorrow*
**fel heddiw a[c y]fory** araf; ling-di-long *slowcoach*
**heddiw yw'r yfory y bûm yn poeni amdano ddoe** mae rhyw
broblem i bob dydd
**heddiw'r dydd / y dydd heddiw** ffordd o bwysleisio 'heddiw'
*this day*
**heibio**

**a hyn hefyd a â heibio** y neges a ysgythrwyd ar fodrwy'r
Brenin Solomon *this too shall pass*

**wrth fynd heibio** gyda llaw; sylw (wrth fynd heibio) nad yw'n rhan o brif lif datganiad *by the way; in passing*

**hel**

**hel achau** olrhain achau *trace the family history*

**hel a didol** casglu'n ddyfal a rhannu

**hel clecs** casglu a lledaenu straeon am bobl *to gossip*

**hel dail** mynd o gwmpas y testun yn hytrach na'i drafod *to go round and round*

**hel dynion** am ferch neu wraig briod *a maneater*

**hel eich traed atoch** marw *to die*

**hel fy mhac** casglu fy mhethau ynghyd yn barod i adael

**hel fy mol** bwyta'n awchus *to stuff my face*

**hel fy nhamaid** ennill fy mywoliaeth *to make my living*

**hel fy nhraed** mynd i grwydro *wanderlust*

**hel meddyliau** casglu meddyliau pruddglwyfus *to mull over*

**hel merched** am lanc neu ŵr priod *a womaniser*

**hel storm** yn dechrau duo'n barod at storm *a gathering storm*

**help llaw chwith** cymorth a roddir yn anfoddog *grudging assistance*

**hen**

**Hen Benillion** penillion traddodiadol y werin a genid i gyfeiliant telyn *traditional folk verse*

**Hen Ficer, yr** y Ficer Rhys Prichard (c. 1579–1644)

**henffel** cyfrwys

**Hen Gorff, yr** Eglwys Bresbyteraidd Cymru

**Hen Nic, yr** y Diafol *Old Nick*

**hen nodiant** y dull o ysgrifennu cerddoriaeth ar erwydd *staff notation*

**hen fel pechod** mor hen â'r ddynoliaeth *as old as sin*

**hen ŵr y coed** chwedl draddodiadol am hen ŵr sy'n cael ei swyno gan gân aderyn. Mae'n sylweddoli wedyn fod yr awr neu ddwy a dreuliodd yn gwrando ar ei ganu mewn gwirionedd yn flynyddoedd lawer

**yr hen a ŵyr, yr ifanc a dybia** mae pobl hŷn wedi dysgu o

brofiad yr hyn y gall yr ifanc ddim ond dyfalu yn ei gylch
*the old know, the young assume*
**hena', hena', ffola', ffola'** po hynaf y bo rhywun, y mwyaf ffôl
y fydd; yr hyn sy'n digwydd mewn henaint
**henaint**
'Henaint ni ddaw ei hunan – daw ag och / Gydag ef, a
chwynfan' 'Henaint', John Morris-Jones
**hendre** y tir o gwmpas y 'dref' (fferm fawr) lle byddai'r
preiddiau'n treulio'r gaeaf yn yr hen ddyddiau cf. **hafod**
*winter dwelling*
**heniaith** y Gymraeg
'O bydded i'r heniaith barhau 'Hen Wlad Fy Nhadau', Evan
James
**het**
**hen het** [am rywun] rhywun gwirion *a silly person*
**het mynd a dŵad / dod** *a deerstalker*
**siarad fel het** siarad yn wirion
**siarad trwy fy het** siarad yn wirion
**hidio**
**hidia / hidiwch befo** (gogledd) paid / peidiwch a phoeni
*never mind*
**hidiwn i ddim** fyddai dim gwahaniaeth gen i *I wouldn't
mind*
**hidlo gwybedyn a llyncu camel** pobl sy'n gysetlyd iawn am
reolau bach pitw ond yn methu gweld y pethau mawr;
ymadrodd beiblaidd
**hindda**
**ar hindda y mae c'nuta** adeg tywydd braf y mae angen
casglu tanwydd at y gaeaf *gather firewood when it's fine*
**hir**
**hir garu, byr guro** bydd llai o gweryla os bydd cyfnod hir
cyn priodi *long courtship, less grief*
**hir** [yw] **pob aros** *all waiting is long*
**ymhen hir a hwyr** yn y diwedd; wedi amser maith
*eventually*

**hiraeth**

Dwedwch, fawrion o wybodaeth, / O ba beth y gwnaethpwyd hiraeth? 'Hiraeth', Traddodiadol

'Mae hiraeth yn y môr a'r mynydd maith' 'Mae Hiraeth yn y Môr', R. Williams Parry

'Un rhan hen o'r hyn a aeth / Yn aros – dyna hiraeth' 'Epigramau', James Nicholas

'wyllt hiraeth y pellterau' 'Gwlad y Bryniau', T. Gwynn Jones

**hoel (hoelion)**

cyn farwed â hoel yn hollol ddifywyd *dead as a door-nail*

hongian het ar yr hoel ymuno â theulu trwy briodas *feet under the table*

mor blaen / glir â hoel ar bost rhywbeth sy'n amlwg iawn *as plain as the nose on your face*

**hoelen**

bwrw / taro'r hoelen ar ei phen dweud yn union beth sydd ei angen *to hit the nail on the head*

hoelion wyth hoelion mawr 8 modfedd; aelodau pwysicaf cymuned sy'n cynnal ac yn arwain *the great and the good*

**hoelio sylw** mynnu derbyn sylw *to demand attention*

**holi**

holi a stilio / holi perfedd holi'n fanwl; eisiau gwybod pob manylyn *to question closely*

holi'r pwnc gw. pwnc

**hollti blew** poeni am fanion dibwys *to split hairs*

**homar / honglad / horwth** mawr iawn; 'homar' a 'honglad' am rywbeth, 'horwth' am rywun *a great big [thing / person]*

**how 'da'r ci a hwi 'da'r sgwarnog** gw. cŵn

**hud**

hud a lledrith *magic and enchantment*

**huddygl**

fel huddygl i botes trychineb fach annisgwyl, ddirybudd; fel tropas (dafnau huddygl) yn disgyn i gawl *an unexpected disaster*

**hufen** y gorau

**hun / hunan**

    **ar fy mhen fy hun** wrth fy hunan

    **fy hunan bach** ffordd blentynnaidd o ddweud 'wrth fy hunan' (heb neb arall) *all on my own*

    **rhyngddo ac ef ei hunan** ei ddewis ef ydyw *it's up to him*

**hwc**

    **ar ei hwc / liwt ei hunan** hunangyflogedig *freelance*

**hwch**

    **blingo hwch â chyllell bren** gwneud peth dianghenraid, a hynny mewn ffordd lafurus *a waste of time and effort*

    **gwrando fel hwch mewn haidd** ddim yn gwrando o gwbl; mewn drwy un glust, ac allan drwy'r llall *in through one ear, out of the other*

    **hwch yn bwyta cols** rhywun sy'n bwyta'n farus ac yn swnllyd; arferid rhoi cols i hwch er mwyn ei helpu i dreulio bwyd gwlyb *a glutton*

    **yr hwch wedi mynd trwy'r siop** am fusnes wedi methu *a failed business*

    **mesen ym mola hwch** gw. mesen

**hwnt ac yma** fan hyn a man draw *here and there*

**Hwntw** gair y gogledd am rywun o'r de

**hwp-di-hap** rywsut, rywsut

**hwrdd o** (besychu / chwerthin / wylo) pwl o; gwthwm o *a fit of (laughter etc.)*

**hwyaden**

    **brecwast chwadan (hwyaden)** gw. brecwast

    **fel hwyaden ar dir sych** ar goll; heb wybod beth i'w wneud *like a fish out of water*

    **traed hwyad** gw. traed

**hwyl** dull o bregethu lle mae'r pregethwr yn dechrau llafarganu ei bregeth

**hwyl²**

    **cael / gwneud / tynnu hwyl am ben rhywun** gwneud sbort o rywun *to make fun of (someone)*

**cael hwyl ar rywbeth** cyflawni gwaith yn ddidrafferth a chyda phleser *to make a good fist of*

**hwyl a sbri** sbort mawr; digon o hwyl *fun and games*

**Pob hwyl!** cyfarchiad wrth ymadael *Cheers! (goodbye)*

**yn fy llawn hwyliau** mewn hwyliau da *full of the joys of spring*

**hwylio**

> **hwylio berfa / beic / pram** gwthio whilber a.y.b. *to push a wheelbarrow / bike / pram*
>
> **hwylio i gychwyn** paratoi i fynd *to prepare to go*
>
> **hwylio pryd o fwyd** paratoi pryd o fwyd *to prepare a meal*

**hwyluso'r ffordd** agor y ffordd *to prepare the way*

**hwyr**

> **gwell hwyr na hwyrach** *better late than never*
>
> **hwyr glas** hwyr iawn *very late*
>
> **hwyr neu hwyrach** rhywbryd ond heb fod yn sicr pa bryd *sooner or later*

**hyd**

> **am ryw hyd** am gyfnod amhenodol o amser *for some time*
>
> **ar / mesur fy hyd** [gyhyd] yn gorwedd *to measure my length*
>
> **ar hyd ac ar led** ym mhob man *abroad*
>
> **cael hyd i / dod o hyd i** darganfod
>
> **gwybod ei hyd a'i led** gw. **gwybod**
>
> **hyd y gwelaf i** cyn belled ag y gwelaf i *in my view*
>
> **hyd y gwn i** am wn i *as far as I know*
>
> **o hyd ac o hyd** drwy'r amser; dro ar ôl tro *time and again*

**hydion / hydoedd** am amser maith

**hyll**

> 'Er na ellir un hyllach, / Hwch nid hyll i berchyll bach'
>
> gwyn y gwêl y cyw ei frân, T. Arfon Williams

**hylltod** nifer fawr iawn o bethau *a pile of*

**hyn**

> **bob hyn a hyn** nawr ac yn y man; o bryd i'w gilydd *now and again*

**gyda hyn** cyn bo hir *whereupon*

**o hyn ymlaen** yn dechrau nawr *from now on*

**hynafiaid**

'Ynom mae ein hynafiaid' Gwilym R. Jones

**hynt a helynt** hanes (rhywun neu rywbeth) *ups and downs*

**hysbys**

'A hysbys y dengys dyn / O ba radd y bo'i wreiddyn' Tudur Aled. Mae dyn yn dangos ei wreiddiau ym mhob gweithred o'i eiddo

**I'r gad!** bloedd yn galw rhyfelwyr i'r frwydr

**iach**

    **iach fy nghroen** (dianc) yn ddianaf *unscathed*

    **iach y boch a dibechod**

    **iachaf croen, croen cachgi** oherwydd ei fod yn rhedeg i ffwrdd

**iaith**

    '**Iaith carreg fy aelwyd, iaith carreg fy medd**' 'Caru Cymru', Crwys

    **iaith fain, yr** Saesneg *English (language)*

    **iaith y nef(oedd)** y Gymraeg *Welsh (language)*

    **mae dy iaith yn dy fradychu** yn dangos o ba ardal yr wyt ti'n dod *your accent betrays you*

**iâr**

    **diflannu fel iâr i ddodwy** mynd yn dawel, yn ddiarwybod i bawb *to sneak away*

    **iâr ag uncyw** am un llawn ffws a ffwdan *a mother hen*

    **iâr ar farwor** cerdded yn ofalus *cat on a hot tin roof*

    **iâr ar y glaw** rhywun â golwg druenus *like a bedraggled hen*

    **iâr dan badell** wedi pwdu; wedi sorri *to take umbrage*

**iau** y pren a roddid ar draws cefnau ychen fel y gallent dynnu'r aradr

    **dan yr iau** dan ddisgyblaeth; yn dysgu gweithio *under the yoke*

    **ieuo anghymarus** gosod dau anghydweddus, nad ydynt yn cyd-dynnu, ynghyd dan iau – mewn priodas yn aml, ond hefyd am syniadau neu gynlluniau *a mismatch*

**iechyd**

    **a fynno iechyd bid** (byddwch) **lawen** *be healthy, be happy*

**ieuanc**

    **a fynno barhau'n ieuanc, aed yn ebrwydd yn hen** y ffordd sicraf o heneiddio yw brwydro i aros yn ifanc

**ieuenctid y dydd** yn gynnar y bore

**Ifan y Glaw** enw ar y glaw. Partner **Morus y Gwynt**

**igam ogam** o un ochr i'r llall *zig-zag*

**iod** y llythyren leiaf yn yr wyddor Roeg

> **dim un iod nac un tipyn** (mewn brawddeg negyddol fel arfer) nid wyf yn poeni'r nesaf peth i ddim *not a jot or a tittle*
>
> **iod a thipyn** bob yn dipyn
>
> **newid yr un iod** heb fod yn barod i newid y peth lleiaf

**iro**

> **iro llaw** llwgrwobrwyo *to grease a palm*

**isgell** dŵr y mae cig wedi ei ferwi ynddo *a cooking stock*

**iws**

> **at iws gwlad** am rywbeth y mae pawb yn medru ei ddefnyddio *for everyday use*

# J

**jac**
>**dim un wan jac** neb *not a one*
>**Jac** enw ar ddyn o Abertawe
>**Jac y lanter'** *will o' the wisp*
>**Jac yr Undeb** baner y Deyrnas Unedig *Union Jack*

**Jehu** gŵr a ddaeth yn ddiarhebol am wylltineb ei yrru yn y Beibl

**Jeremeia** proffwyd galar ac anobaith yn y Beibl

**joch** llwnc go dda *a tot*

**ledio'r canu** arwain y gân *to lead the singing*
**lefain**
> **y lefain yn y blawd** y burum sy'n gweithio mewn toes wrth wneud bara; yr hyn sy'n bywhau *the leavening of bread*
**limpyn** bollt sy'n sicrhau'r olwyn wrth echel – os collir hwn fe all yr olwyn redeg yn rhydd
> **colli limpyn** gwylltio; colli rheolaeth ar ei hun *to lose it*
**lincyn loncyn / ling-di-long** mynd yn hamddenol, heb frys
> *leisurely*
**liwt**
> **ar fy liwt fy hun** wrth fy hun; heb fod yn atebol i neb *off my own bat*
**lobsgows** cawl heb flawd i'w dewhau *Scouse (stew)*
**lol botes maip** dwli dwl *a load of old codswallop*
**lôn**
> **lôn bengaead** lôn y mae un pen iddi ar gau *a cul de sac*
> **lôn goch** y gwddf; **lawr y lôn goch** lawr y gwddf, wedi ei fwyta / ei yfed / ei gymryd (moddion / ffisig) *the throat*

**llacio'r gengl** yr hyn a wneid i geffyl wedi diwrnod caled o waith
*to slacken the harness*
**llach**
   **dan y lach** yn cael beirniadaeth hallt *under the cosh*
**lladd**
   **lladd a llyfu** beirniadu rhywun yn ei gefn a'i ganmol yn ei
   wyneb *to be two-faced*
   **lladd amser** llenwi amser segur *to kill time*
   **lladd ar rywun** beirniadu, dweud y drefn am *to criticise*
   **lladd dau aderyn ag un ergyd** cyflawni dwy dasg â'r un
   weithred *to kill two birds with one stone*
   **lladd** (gwair, mawn, ŷd) torri
   **lladd nadroedd** yn hynod o brysur; yn llawn cyffro a symud
   *busy as a bee*
   **lladd y llo pasgedig** croeso arbennig o gynnes a hael,
   fel croeso'r tad i'w fab pan ddaeth adre yn nameg y mab
   afradlon yn y Beibl (gw. **mab afradlon, y**) *to kill the fatted
   calf*
**llaes**
   **ymddiheuro'n llaes** ymddiheuro'n llawn ac yn ddiffuant
   *to apologise profusely*
**llaesu dwylo** bod yn segur ac yn ddiog *to be complacent*
**llaeth**
   **gormod o laeth y fuwch goch** gormod o gwrw *too much
   beer*
   **llaeth mwnci** cwrw; diod feddwol *beer (generic)*
   **lliw llaeth a chwrw** am fuwch o liw coch â rhesi llwyd
**llafar gwlad** yr iaith a'r traddodiadau a gedwir yn fyw yn iaith
   bob dydd y bobl gyffredin *country lore*
**llafur**
   **llafur cariad** gwneud o wirfodd *a labour of love*

**ym mhob llafur mae elw** mae rhywbeth i'w ennill o bob gwaith. *O Lyfr y Diarhebion*

**llai**

**Pam lai? Pam na?** *Why not?*

**llaid**

**amlwg llaid ar farch gwyn** po fwyaf hunangyfiawn y person, yr amlycaf unrhyw fai

**hawdd canfod llaid ar farch gwyn** haws gweld bai ar rywun di-fai hyd yn hyn

**llais**

**ag un llais** yn unfrydol *unanimous*

**llais y wlad** pleidlais mewn etholiad *the country has spoken*

**rhoi fy llais** pleidleisio *to vote*

**llanc**

**hen lanc** gŵr dibriod *a bachelor*

**llanc mawr** dyn ymffrostgar ei ymadrodd a'i ymddangosiad

**llanw**

**y llanw wedi troi** am sefyllfa sy'n newid (er gwell fel arfer) *the tide has turned*

**llathen**

**heb fod yn llawn llathen** heb fod yna i gyd; diniwed *not all there*

**mesur pawb wrth fy llathen fy hun** barnu pawb yn ôl fy safonau fy hun *to judge everybody by my own standards*

**llaw**

**bod â dwy law chwith** lletchwith, anghelfydd *clumsy*

**bod â llaw rydd** bod yn ddibriod *single*

**cael y llaw uchaf** ennill mantais *to get the upper hand*

**codi llaw ar** cyfarch *to raise one's hand (greeting)*

**gerllaw** yn ymyl; wrth law

**hen law** rhywun profiadol iawn *an old hand*

**law yn llaw** yn drosiadol, partneriaeth agos *hand in hand*

**llawagored** hael *generous*

**llawdrwm** beirniadu neu gosbi'n hallt, yn fwy nag sy'n haeddiannol *harsh*

**llawgaead** cybyddlyd *tight-fisted*

**llaw dda** crefftus; dawnus *a dab hand*

**llond llaw** am rywun neu ryw waith trafferthus, yn gofyn am gryn ofal

**o'r llaw i'r genau** heb ddim wrth gefn *from hand to mouth*

**wrth law** yn ymyl; gerllaw *to hand*

**ymlaen llaw** rhag blaen *beforehand*

**llawes**

bod â rhywbeth i fyny / lan fy llawes rhywbeth y gellir ei dynnu allan yn annisgwyl a synnu pawb; o fyd y consuriwr *to have something up my sleeve*

**llawiau** hen gyfeillion *old pals*

**llawr gwlad** lle y mae pobl gyffredin yn byw *grass roots*

**lle**

ei le fe'n well na'i gwmni am rywun nad yw'n boblogaidd *to prefer his place to his company*

lle chwech tŷ bach *loo*

lle i bopeth a phopeth yn ei le *a place for everything and everything in its place*

rhywbeth o'i le rhywbeth yn bod *something's wrong*

**llech**

o lech i lwyn yn llechwraidd; mewn ffordd gudd *stealthily*

**lled**

lled troed darn bach (o dir fel arfer) *a step*

lled y pen ar agor i'r eithaf *wide open*

**lledu adenydd / esgyll** dechrau ehangu gorwelion *to spread one's wings*

**llef**

llef ddistaw fain yn y Beibl, darganfu Elias mai yn y llef ddistaw fain yr oedd llais yr Arglwydd, nid yn y storm a'r twrw a'r taranfollt *the still small voice*

llef (un yn llefain) yn y diffeithwch un sy'n cefnogi achos cyfiawn ond lleiafrifol; fel Ioan Fedyddiwr yn pregethu yn yr anialwch yn y Beibl

**llesmeiriol**

'Yr hen lesmeiriol baent' 'Clychau'r Gog', R. Williams Parry

**llestri**

**dros ben llestri** mewn ffordd eithafol *over the top*

**mwyaf [eu] trwst, llestri gweigion** *empty vessels make the most noise*

'**lleufer (goleuni) dyn yw llyfr da**' Ieuan Brydydd Hir

**llewys**

**yn llewys ei grys** wedi torchi ei lewys *in his shirt-sleeves*

**llidiart**

**gwybod tu nesaf i lidiart y mynydd** yn gwybod dim byd *to know nothing*

**llin**

**diffodd llin** yn mygu lladd pob gobaith. Y 'llin' yma yw'r llinyn yng nghanol cannwyll sy'n llosgi'n fflam. Tra bydd rhywbeth heb ei ddiffodd yn llwyr, mae gobaith *the dying embers*

**llinyn**

**cael deupen [y] llinyn ynghyd** llwyddo i dalu'r ffordd, i beidio â mynd i ddyled *to make ends meet*

**llinyn mesur** y safon yr ydych yn ei defnyddio i fesur pobl *a yardstick*

**llinyn trôns** llipryn; main *dip-stick; skinnymalinks*

**yn un llinyn** yn un rhes *in a row*

**lliw**

**gweld lliw fy arian / pres** dangos bod yr arian gennyf *to see the colour of my money*

**lliw ei din, peidio gweld** rhywun yn diflannu ar ras; heb weld rhywun ers sbel (awgrym o esgeuluso)

**llo**

**llo cors** rhywun afrosgo, heb fod yn siŵr i ble mae'n mynd *a bull in a china shop*

**llo lloc** rhywun sydd braidd yn ddiniwed, nad yw wedi bod allan yn y byd mawr *an innocent abroad*

**llong**

pan ddaw fy **llong** i mewn daw cyfoeth i'm rhan; tarddiad ym myd masnachwyr morwrol *when my ship comes in*

**llond**

cael **llond bol ar** cael mwy na digon o rywbeth *to have a bellyful of*

cael / rhoi **llond pen** dwrdio, dweud y drefn *to give / get a mouthful*

**llond dwrn** ychydig iawn *a handful*

**llond fy nghroen** yn edrych yn dda ac yn borthiannus *full of myself*

**llond fy mol** digon o; llawnder; 'llond fy mol o chwerthin iach'

**llond gwlad** llawer iawn *a pile of*

**llond llaw** dyrnaid, 'dim ond llond llaw o gynulleidfa' *a handful*

**llonydd**

'A **llonydd** gorffenedig / Yw **llonydd** y Lôn Goed' 'Eifionydd', R. Williams Parry

'Lle i enaid gael **llonydd**' 'Llŷn', J. Glyn Davies

**llosgi**

**llosgi'n ulw** *to burn to a frazzle*

**llosgi yn ei groen** bron â byrstio eisiau gwneud rhywbeth *itching to do something*

**llun**

ar **lun a delw** yr un ffunud â *the spitting image of*

ar **lun a gwedd** ar ffurf *in the shape of*

rhyw **lun o berthyn** perthyn o bell; brith berthyn *sort of related*

**llunio'r gwadn fel bo'r droed** gwneud yr hyn sy'n addas i'r amgylchiadau; byw o fewn yr arian sydd ar gael *to cut the coat according to the cloth*

**llusgo traed** oedi rhag cyflawni rhyw waith (yn fwriadol) *to drag one's feet*

**llwch**

**llwch y llawr** cyflwr dyn o flaen Duw *as but dust*

**taflu llwch i lygaid rhywun** ceisio twyllo rhywun trwy ei rwystro rhag gweld rhywbeth yn iawn *to deceive*

**llwy garu / llwy serch** llwy bren wedi ei cherfio'n gywrain fel arwydd o serch *a love-spoon*

**llwybr**

**llwybr coch** llwybr pridd (heb borfa) trwy fynych ddefnydd *a well-worn path*

**llwybr cul** yn y Beibl, mae sôn am y llwybr cul, cyfiawn, sy'n arwain i'r nefoedd, mewn gwrthgyferbyniad â'r ffordd lydan sy'n arwain at ddistryw *the straight and narrow [way]*

**llwybr sathredig** llwybr aml ei ddefnydd *a well-worn track*

**llwybr tarw / brân** y llwybr byrraf rhwng dau le *a short-cut*

**llwynog o ddiwrnod** diwrnod na ellir dibynnu ar dywydd teg ei fore *an unpredictable day*

**llyfiad cath** ymolchi'n sydyn ac yn frysiog *a cat's lick and a promise*

**llyfu**

**llyfu bysedd** yn mwynhau'n fawr (gydag awgrym maleisus) e.e. mêl ar fysedd rhywun *to lick his lips*

**llyfu'r llwch** ymadrodd beiblaidd

1. am rywun sy'n cael codwm *to lick the dust*

2. hefyd ag ystyr o ymgreinio, o lyfu tin *to grovel*

**llyfu tin** gradd yn waeth na sychu tin, ymgreinio'n wasaidd *to grovel*

**llyfu traed rhywun** ymgreinio'n wasaidd *boot-licking*

**llygad**

**gweld lygad yn llygad** bod yn gytûn *to see eye to eye*

**llygad am lygad** cosb gyfwerth â'r drosedd; o hen gyfraith tiroedd y dwyrain dan Hammurabi o Fabilon *an eye for an eye*

**llygad y ffynnon** tarddiad; tarddle *a source; the fountainhead*

**llygad yr haul** lle sy'n cael haul drwy'r dydd *a sunny spot*

**mae fy llygad / llygaid yn fwy na'm bol** wedi cymryd mwy o fwyd nag y gallaf ei fwyta *my eyes are bigger than my belly*

**rhoi bys yn llygad rhywun** cythruddo *to rub someone up the wrong way*

**taflu llygad gafr** am fachgen / dyn yn edrych mewn ffordd awgrymog, anweddus ar ferch *to ogle*

**taflu llygad mochyn** edrych drwy gil y llygad *to sneak a glance*

**yn llygad fy lle** yn iawn *spot on*

**llygaid**

a'i **lygaid dros ei ysgwydd** yn chwilio'n llechwraidd am rywbeth y mae'n ei ddeisyfu *to keep an eye out for*

**gwneud llygaid bach** *to ogle*

**mae clustiau gan gloddiau a llygaid gan berthi** gw. clustiau

**yn llygaid ac yn glustiau i gyd** yn sylwi'n fanwl ar bopeth *all eyes and ears*

**llygedyn o olau** arwydd bach o obaith *a glimmer of light*

**llygoden**

**dala llygoden a'i bwyta** gw. dal / dala

**llygoden eglwys** trosiad am rywun tlawd *poor as a church mouse*

**llymru** cymysgedd o laeth enwyn a blawd ceirch wedi eu berwi a'u hidlo

**llyncu**

**llyncu corryn / pry[f]** beichiogi *to become pregnant*

**llyncu fy ngeiriau** tynnu'n ôl yr hyn a ddywedais *to swallow my words*

**llyncu mul ac mi welaf ei gynffon** pwdu; sorri; gweld yn chwith *peeved*

**llysywen mewn dwrn yw arian** rhywbeth anodd cadw gafael arno

**llyw**

**wrth y llyw** yn cyfeirio rhywbeth; yn gyfrifol *at the helm*

**llywodraeth y bais** coeg-lywodraeth menyw'r cartref dros ei dyn *petticoat-government*

# M

**mab**

mab afradlon, y dyn ifanc ffôl, difeddwl. O'r ddameg
yn Efengyl Luc am y mab a gymerodd ei etifedd fraint a
gwario'r cyfan ar bleserau ac oferedd. Yna dychwelodd
adref i ofyn am faddeuant gan ei dad, a'i croesawodd, gan
gythruddo'i frawd hŷn, a oedd wedi aros gartref i helpu eu
tad (gw. **lladd y llo pasgedig**) *the prodigal son*
mab darogan, y yr arweinydd y canai'r beirdd iddo gynt,
a oedd yn mynd i godi ac achub cenedl y Cymry rhag pob
trais a gormes. Pan goronwyd Harri Tudur yn frenin Lloegr,
credid bod y broffwydoliaeth wedi ei gwireddu a bod y mab
darogan wedi cyrraedd *son of prophecy*
mab llwyn a pherth bachgen anghyfreithlon
**Mab y Dyn** un o deitlau Iesu Grist yn y Beibl *Son of Man*

**maen**

cael y maen i'r wal llwyddo i gwblhau
maen awyr comed *comet*
maen gorchest carreg drom a fyddai'n cael ei thaflu mewn
gornestau profi cryfder *lifting stone*
maen prawf ffordd o fesur ansawdd rhywbeth *a touchstone*
maen tramgwydd rhwystr; carreg ar lwybr a fyddai'n achosi
i rywun faglu *an impediment*
mynd â'r / cael y maen i'r wal cwblhau tasg; llwyddo i
gyflawni rhywbeth *to bring to a conclusion*
maes o law ymhen ysbaid *before long; soon*
cydio maes wrth faes gw. **cydio**

**magu**

magu asgwrn cefn bod yn ddewr *to show back-bone*
magu bol mynd yn dew *to develop a pot belly*
magu cwils / adenydd dysgu tyfu i fyny a bod yn
hunanhyderus (fel cyw cyn hedfan); plentyn sy'n ddigon hen
i fentro i'r byd mawr *to spread one's wings*

**magu digon o blwc** *to summon up enough courage*

**magu mân esgyrn** bod yn feichiog *to be pregnant*

**main**

**gwynt main / awel fain** gwynt oer a threiddgar *a lazy wind*

**main y cefn** *the small of the back*

**maint**

**faint o'r gloch yw hi?** yn drosiadol am gyflwr Cymru neu'r byd

**malu**

**malu ewyn** ewynnu *to foam*

**malu'n fân** *to grind exceedingly small*

**malwen**

**fel malwen mewn tar** yn araf *very slowly*

**mam**

**fel y fam fydd y ferch** *like mother, like daughter*

**gwell mam dlawd na thad cyfoethog**

**man**

**man a man â Sianco / mwnci** nac yma nac acw *neither here nor there*

**man gwyn, man draw** mae pobl bob amser yn meddwl bod rhywle gwell na'r lle y maen nhw ar y pryd *the grass is always greener*

**yn y fan a'r lle** ar yr union adeg neu yn yr union fan *on the spot*

**yn y man** o'r diwedd *eventually*

**mân**

**mân lwch y cloriannau** y gweddillion dibwys sydd ar ôl yn y glorian ar ôl i rywbeth gael ei bwyso *unimportant minutiae*

**yn fân ac yn fuan** ffordd o gerdded

**maneg weddw** un o bâr o fenig *a (single) glove*

**manna o'r nefoedd** rhywbeth bendithiol, annisgwyl yn syrthio fel manna o'r nefoedd. Yn y Beibl, syrthiodd manna o'r nefoedd ar ffurf bwyd ar daith yr Israeliaid drwy'r anialwch *manna from heaven*

**mans** tŷ gweinidog, ond eiddo'r capel

**mab / merch y mans** plant gweinidog

**mantais**
　　**bod o fantais** rhywbeth sydd o fudd *to be of advantage*
**mantell**
　　**mantell** yn y Beibl, yr oedd mantell yn arwydd o awdurdod.
　　O'r herwydd, mae 'gwisgo mantell', 'mantell yn disgyn'
　　a.y.b., yn golygu bod awdurdod yn cael ei drosglwyddo o un
　　person i rywun arall
　　**y Fantell Fraith** y clogyn amryliw a wisgai'r Pibydd Brith yng
　　ngherdd I. D. Hooson o'r un enw *the Pied Piper's cloak*
**mantol**
　　**troi'r fantol** gwneud neu ddweud rhywbeth sy'n achosi i
　　rywbeth sydd bron yn gytbwys ddisgyn i un ochr yn hytrach
　　na'r llall *to tip the balance*
　　**yn y fantol** bron yn gytbwys ac yn gallu sythio i'r naill ochr
　　neu'r llall; yn y glorian *in the balance*
**march**
　　**dilyn march ar y môr** bod yn ddi-waith a byw ar yr hyn y
　　gallwch ei ennill *to live on one's wits*
**Martha drafferthus** gwraig y mae ei gorchwylion yn rhy bwysig
　　iddi fedru gwneud dim arall. Yn y Beibl, roedd gan Martha,
　　yn wahanol i Mair ei chwaer, ormod o waith tŷ i eistedd a
　　gwrando ar Iesu Grist
**marw**
　　**ar fy marw** llw; 'pe bawn i'n marw' *to swear on my grave*
　　**bron â bod / butu marw** eisiau *dying to*
　　**yn farw gelain / yn farw gorn** yn ddigamsyniol farw *stone dead*
**marwol**
　　**rhoi'r farwol** taro ergyd farwol *to strike the fatal blow*
**marwolaeth**
　　'**Marwolaeth nid yw'n marw. Hyn sydd wae**' 'Marwoldeb',
　　R. Williams Parry
**mawr**
　　mewn ystyr negyddol: 'fawr neb', 'fawr ddim', 'fawr gwaeth';
　　heb fod yn llawer *not much; not many*
　　**Brenin Mawr, y** Duw

**dyn mawr** dyn pwysig *a man of some importance*

**mawr ei fost, bach ei orchest** *all mouth, no trousers*

**noson fawr** noson o yfed a chyfeddach *a night on the town*

**tywydd mawr** tywydd stormus iawn *stormy weather*

**Mawrth a ladd, Ebrill a fling** am fis Ebrill pan fydd gwynt y dwyrain yn difa'r borfa a ddylai fod yn glasu fel porthiant i'r anifeiliaid

**meddw gaib** yn feddw iawn *smashed out of his skull*

**meddwl**

> **meddwl agored** bod yn ddiragfarn *an open mind*
>
> **meddwl uchel** edmygedd *high regard*
>
> **meddwl yn fawr** edmygu *to admire*

**megin**

> **hen fegin, yr** yr ysgyfaint; y frest *lungs*

**meistr**

> **Mae meistr ar Mistar Mostyn** does neb nad yw rhywun yn feistr arno *there's always someone higher up*

**meistriaid y gynulleidfa** siaradwyr grymus sy'n gallu swyno cynulleidfaoedd *demagogues*

**mêl**

> **hel mêl i'r cwch** casglu arian neu gyfoeth; pluo'r nyth *to feather one's own nest*
>
> **mêl ar fysedd** rhywbeth wrth fodd rhywun (gydag awgrym maleisus) *music to one's ears*
>
> **mêl i gyd** yn dwyllodrus o foneddigaidd *smarmy*
>
> **ni fyddai'n hapus pe bai ei din mewn pot mêl** rhywun sy'n anhapus waeth pa mor ffafriol ydy'r sefyllfa

**melan** *the blues*

> **codi'r felan ar rywun** gwneud yn ddigalon *to depress*
>
> **y felan fawr** iselder ysbryd *the black dog; depression*

**melin**

> **mynd trwy'r felin** mynd trwy broses boenus neu driniaeth galed *to be put through the mill*
>
> 'Nid yw'r felin heno'n malu / Yn Nhrefin ym min y môr'
> 'Melin Trefin', Crwys

**melys**

> **melys cwsg potes maip** mae cysgu ar bryd syml (fel y gwnâi pobl dlawd) yn llai tebygol o achosi poen yn y bol a diffyg cwsg na phryd bras pobl gyfoethog
>
> **melys moes mwy** hyfryd iawn, a gaf i ragor?

**mentro**

> **os na fentri di beth, enilli di ddim** *nothing ventured, nothing gained*

**menyn**

> **pa ochr i'r dafell mae'r menyn?** mewn sefyllfa lle mae gofyn dewis ochr, arhoswch i weld pa ochr sydd fwyaf manteisiol i chi *to see which side your bread is buttered*

**mêr**

> **ym mêr fy esgyrn** yn ddwfn y tu mewn imi *I feel it in my water; instinctively*

**merch**

> **merch y crydd** esgid *a shoe*

**mesen ym mola hwch** piso dryw bach yn y môr *like giving a donkey a strawberry; a drop in the ocean*

**mesur**

> **mesur byr** twyllo trwy roi rhy ychydig *a short measure*
>
> **mesur ddwywaith cyn torri unwaith** gwneud yn siŵr cyn gwneud rhywbeth na ellir ei newid *measure twice, cut once*
>
> **mesur / pwyso fy ngeiriau** siarad yn ofalus *to weigh one's words*

**methu**

> **methu'n deg / methu'n glir** methu'n llwyr; methu'n lân *to fail utterly*

**Methwsela** gŵr yn y Beibl oedd yn 969 blwydd oed

> **yn hen fel Methwsela**

**mihifir mihafar, dim bwch a dim gafar** dyn merchetaidd *an effeminate man*

**mil**

> **mil a mwy** llawer iawn *a hundred and one*

**mil blynyddoedd** mileniwm; amser delfrydol *the dawning of Utopia*

**milgi, mwffler a myn uffarn i** tri pheth anhepgorol i ŵr o Forgannwg

**milltir sgwâr** cynefin; yr ardal yr ydych yn frodor ohoni *your own back-yard*

**min**

    **cael min** cael codiad rhywiol *an erection*

    **min nos** gyda'r hwyr *in the evening*

    **rhoi min** naddu *to sharpen*

**mis**

    **mis bach** mis Chwefror *February*

    **mis du** mis Tachwedd *November*

**mochyn**

    **mochyn deudwlc**

    1. plentyn yn cael ei fagu gan ei fam-gu a'i dad-cu yn ogystal â'i rieni;

    2. gŵr sy'n byw gyda dwy ddynes wahanol *bigamist*

**modfedd**

    **ma' modfedd yn llawer mewn trwyn** nid yw bychan yn golygu dibwys

**moddion gras** ffordd o gyrraedd cyflwr o ras (crefyddol) *the means of grace*

**moeli / moelyd clustiau** gostwng clustiau fel arwydd o dymer drwg, fel mae anifail yn ei wneud *to pin back his ears*

**môr**

    **addo môr a mynydd** addo'n braf ac yn helaeth

    **môr tir** môr peryglus yn sugno'n ôl drwy'r graean a'r tywod

**Morgan** enw o Ddyffryn Conwy'n wreiddiol ar yr hen degell mawr oedd ar bob aelwyd yn nyddiau tanau agored neu stof lo *a fire-kettle*

**morio**

    **ei morio hi / morio canu** canu'n angerddol ac yn ddwys *to sing with feeling*

**Morus y Gwynt** enw ar y gwynt. Partner **Ifan y Glaw**

**morwyn-bob-galw** *a maid of all work*

**Mrs Jones Llanrug** y wraig sy'n cyfateb i'r 'dyn yn y stryd'; person cyffredin *the man on the Clapham omnibus*

**mul**

nid oes disgwyl gan ful/ asyn, ond cic rhywun grwgnachlyd sy'n cwyno byth a hefyd *not to know any better*

**munud**

ar y funud ar hyn o bryd *at the moment*

'Un funud fach cyn elo'r haul o'r wybren, / Un funud fwyn cyn delo'r hwyr i'w hynt' 'Cofio', Waldo Williams

**mwg**

fel mwg diflannu'n rhwydd (e.e. arian, bywyd) *to melt away*

yn fwg ac yn dân yn llawn egni a brwdfrydedd (dros dro); tân siafins *all fuss and bother*

hel mwg i sachau bugeilio'r brain *a waste of time and effort*

mwg drwg / mwg melys *cannabis; pot*

mwg tato rhywbeth cwbl ddisylwedd *moonshine*

**mwrno cloch** gosod gorchudd dros dafod y gloch ar ddiwrnod angladd

**mwtrin** tatws a llysieuyn (e.e. moron, pannas) wedi eu berwi a'u malu ynghyd

**mwy**

mwy na heb / mwy neu lai ar y cyfan *more or less*

mwy na thebyg y tebyg yw *more than likely*

**mwyaf**

gan mwyaf (dim treiglad) *for the most part*

**mwynder**

'A mwynder trist y pellter yn ei lef' 'Mae Hiraeth yn y Môr', R. Williams Parry

**mwytho'r llo i blesio'r fuwch** esgus bod yn gyfeillgar a'r plant er mwyn ennill ffafr eu mam

**mygu**

brawd mogu / mygu yw tagu y naill cynddrwg a'r llall *six of one, half a dozen of the other*

**mynd**

mae **mynd mawr ar** mae'n boblogaidd iawn *there's a great demand for*

**mynd â hi** ennill; cario'r maes; piau hi *to win*

**mynd â'i ben iddo** methu; dadfeilio *to go to pieces*

**mynd ar eu gwaeth** gwaethygu *to deteriorate*

**mynd fel bom** mynd yn gyflym iawn *to go like a bomb*

**mynd i'r gwellt** gw. **gwellt**

**mynd o'm cof** gwylltio; colli tymer yn lân *to lose it*

**mynd o'r tu arall heibio** dyma a wnaeth y bobl barchus i'r truan a welsant wrth ochr y ffordd yn nameg y Samariad trugarog *to walk on by*

**mynd rhagddo** mynd yn ei flaen

**mynd trwy ei bethau** arddangos ei ddoniau mewn ffordd y mae wedi hen arfer â gwneud *strutting his stuff*

**mynd yn fy mlaen** bwrw ymlaen *to go ahead*

'**Myned sydd raid i minnau – drwy wendid / I'r undaith â'm tadau**' 'Englynion Moesol a Diniwaid', Robert ap Gwilym Ddu *[to go] the way of all flesh*

**mynydd**

'**Aros mae'r mynyddau mawr, / Rhuo trostynt mae y gwynt,**' 'Alun Mabon', Ceiriog

**gwneud mynydd o gachu iâr** gwneud môr a mynydd o rywbeth *to make a mountain out of a molehill*

133

**natur**
    **codi / mynd i natur** colli tymer *to get in a rage*
**naw** mae naw (tri thri) yn rhif arwyddocaol mewn nifer o hen
    ddiwylliannau
    **ar y naw** iawn; 'anodd ar y naw' *extremely*
    **naw nos olau** lleuad lawn ar adeg y cynhaeaf *harvest moon*
    **Naw wfft!** Twt lol! *Blow it!*
**nawfed ach** yn y cyfreithiau Cymreig lle yr oedd cosb o dalu
    iawndal yn digwydd yn amlach na dienyddio, roedd
    cyfrifoldeb am dalu iawn yn gallu ymestyn o'r gorhendad
    hyd at y gorchaw (y pumed cyfyrder), hynny yw hyd y
    nawfed ach (cyfyrder, caifn, gorchaifn, gorchaw)
    **ddim yn ei adnabod o'r nawfed ach** *wouldn't know him
    from Adam*
**nawr ac yn y man** bob hyn a hyn *now and again*
**neges**
    **mynd i mofyn neges** mynd i mofyn rhywbeth o'r siop *to run
    an errand*
**neidr**
    **anodd i neidr anghofio sut i frathu** *a leopard doesn't change
    its spots*
**neithior** gwledd briodas *a reception (wedding)*
**nerth**
    **derbyn nerth yn ôl y dydd** derbyn cymaint o nerth ag sydd
    ei angen i oroesi diwrnod arall
    **mynd o nerth i nerth** cryfhau a thyfu *to go from strength to
    strength*
    **nerth bôn braich** *brute force*
    **nerth braich ac ysgwydd** gyda'ch holl rym (yn gorfforol a
    ffigurol) *with might and main*
    **nerth cadwyn ei dolen wannaf** *a chain is only as strong as its
    weakest link*

**nerth [esgyrn] fy mhen** gweiddi mor uchel â phosibl *at the top of my voice*

**nerth fy nhraed** cyn gyflymed â phosibl *as fast as my feet would carry me*

**nesaf peth i ddim** ychydig iawn iawn *next to nothing*

**neuadd**

'**cael neuadd fawr rhwng cyfyng furiau**' dyma beth yw byw. 'Pa Beth yw Dyn?', Waldo Williams

**newid**

**newid fy nghân** dweud yn wahanol yn awr i'r hyn a ddywedais yn gynharach *to change my tune*

**mae newid yn change a thipyn o ddiffrans yn gwneud gwahaniaeth** *a change is as good as a rest*

**newydd**

**does dim newydd dan yr haul** datganiad o Lyfr y Pregethwr yn y Beibl *there's nothing new under the sun*

**newyddion**

**newyddion da o lawenydd mawr** neges yr angylion i'r bugeiliaid adeg geni Iesu Grist *glad tidings of great joy*

**newyn**

**codi newyn o'i wâl** dweud neu wneud rhywbeth sydd yn mynd i godi atgofion am hen broblem ac arwain at broblem newydd *to ask for trouble*

**niwl y gwanwyn, gwaeth na gwenwyn** mae'n gwneud niwed mawr

**nod**

**cyrchu at y nod** anelu at gyrraedd nod

**noeth** yn gwbl agored heb ddim i'w guddio e.e. celwydd noeth, cignoeth, ffwlbri noeth *unalloyed*

**nos**

**gefn trymedd nos** yn nyfnder y nos *dead of night*

**gyda'r nos** min nos *in the evening*

**mynd yn nos arnaf** mae pethau'n anobeithiol; rwyf wedi anghofio *I can't cope*

'**Pan ddaw'r nos â'i bysedd tawel / I ddadwneud cylymau'r dydd**' 'Pan Ddaw'r Nos', Elfed

**nyth**

**caru'r deryn er mwyn y nyth** caru'r nyth ac nid yr aderyn

**caru'r nyth ac nid yr aderyn** am rywun sydd wedi priodi er mwyn cyfoeth yn hytrach na chariad *to marry for money not love*

**gadael y nyth** / **mynd dros y nyth** gadael cartref *to fly the nest*

**nyth cacwn** rhywbeth sy'n mynd i achosi llawer o drafferthion os ydych yn ei dynnu i'ch pen, neu'n ei gicio *a hornet's nest*

**nyth y cwhwrw** cast y byddai plant hŷn yn ei chwarae ar blant bach wrth eu hanfon i chwilio am nyth cwhwrw, sef darn ffres o dom ceffyl

# O

**ochr**
> rhoi rhywbeth i'r naill **ochr** gadael am y tro

**odid**
> **odid ddim** braidd dim *barely*
> **odid na ddaw** go brin na ddaw, h.y. y tebyg yw y daw *likely to come*
> **odid y daw** go brin y daw *unlikely to come*
> **ond odid** mae'n debyg *it's likely*

**oed**
> **cadw oed** mynd i gyfarfod â chariad *to go on a date*
> **oed yr addewid** deg mlynedd a thrigain (70), yn Llyfr y Salmau; oes dyn *three score years and ten; alloted span*
> **yn ei oed a'i amser** rhywun aeddfed a ddylai wybod sut i ymddwyn *a grown man / person*
> **mynd i oed** heneiddio, mynd yn hen *to grow old*

**oedran teg** gwth o oedran, oedran mawr *a fair old age*

**oen**
> **oen llywaeth / oen swci** oen amddifad wedi ei fagu fel anifail anwes; yn drosiadol am rywun diniwed *a pet lamb*
> **oen yn dysgu i'r ddafad bori, yr** mentro'n orhyderus i ddysgu rhywbeth i rywun sydd eisoes yn brofiadol yn y maes; dysgu pader i berson *teaching your grandmother to suck eggs*
> **fel oen i'r lladdfa** ymadrodd beiblaidd am rywun diniwed, sydd wedi ei arwain i'w ddistryw *like a lamb to slaughter*

**oer**
> **digon oer i sythu brain** *cold enough to freeze a brass monkey*
> **nac yn oer nac yn frwd** difrawder; nid casineb yw'r gwrthwyneb i gariad ond difrawder – condemniad Paul o'r Eglwys yn Laodicea yn y Beibl *indifferent*
> **oer i rewi, oerach i feirioli** profiad o'r tywydd
> **oeri trwch cot** troi'n dipyn oerach *colder by a coat*

**oes**

ar ôl yr oes henffasiwn *antediluvian*

o flaen ei oes am rywun â syniadau gwreiddiol, mentrus *ahead of his time*

oes Adda cyfnod pell yn ôl

oes aur cyfnod gardd Eden oedd yr oes aur wreiddiol; erbyn heddiw, unrhyw gyfnod o lwyddiant a blaengaredd *a golden age*

oes mul cyfnod hir o amser (o'r ymadrodd amwys yn Saesneg *donkeys' ears / years*, sef rhai hir)

[yn] oes oesoedd *for ever and ever*

oes pys amser hir iawn *an age*

oes yr arth a'r blaidd cyfnod cyn hanes; hen iawn *prehistoric*

**ofer**

ofer ymryson â gof yn ei efail mae angen dewis y man priodol os ydych yn bwriadu mynd ati i frwydro neu anghytuno *choose your battles carefully*

**ofn**

cael ofn brawychu *to have a fright*

codi / hela ofn ar dychryn *to frighten*

mae arnaf ofn rwy'n ofni

ofn ofnadwy yw ofn bod ofn *the only thing we have to fear is fear itself*

rhag ofn bod yn barod pe bai rhywbeth yn digwydd *in case*

**ofnadwy**

'ofnadwy a rhyfedd y'm gwnaed' Llyfr y Salmau

ofni ei gysgod am rywun ofnus iawn *afraid of his own shadow*

**ôl**

ar ei hôl hi yn hwyr *running behind*

oriau mân y bore yr oriau cyntaf ar ôl hanner nos *wee small hours*

oriel yr anfarwolion y bobl fwyaf blaengar *hall of fame*

**ots**

dim ots does dim gwahaniaeth *never mind*

**pabell**

'**Pabell** unnos yw pob llawenydd' Dic Jones

**pac**

codi fy **mhac** paratoi i fynd *ready to leave*

hel fy **mhac** gw. hel

**padell**

o'r **badell** ffrio i'r tân o ddrwg i waeth *out of the frying pan and into the fire*

**pader** yn wreiddiol Gweddi'r Arglwydd, yn seiliedig ar ffurf Ladin y weddi (*paternoster*); heddiw gweddi cyn mynd i'r gwely *the Lord's prayer; bedtime prayers*

cyn **wired** â phader *Gospel truth*

dysgu **pader** i berson mentro'n orhyderus i ddysgu rhywbeth i rywun sydd eisoes yn brofiadol yn y maes *teaching your grandmother to suck eggs*

**panso** (de) cymryd gofal arbennig o'r manylion wrth wneud rhywbeth *to take great care*

**pant**

ar **bant** fy llaw ar gledr fy llaw *in the palm of my hand*

i'r **pant** y rhed y dŵr lle mae arian, fe ddaw arian

o **bant** i bentan / i dalar chwilio ym mhob man *to hunt high and low*

**pant** a bryn wrth sôn am ardal, yr ucheldir a'r iseldir, pob man *all over*

**paradwys**

'Nid oes **paradwys** fel paradwys ffŵl' gan y ffŵl y mae'r paradwys perffeithiaf, 'Paradwys', T. H. Parry-Williams

**parch**

uchel ei **barch** yn cael ei barchu'n fawr *highly regarded*

**pared**

am y **pared** â am ddau yn eistedd a wal rhyngddynt *the opposite side of the wall*

**o bared i bost** symud o un man i'r llall yn ddigyfeiriad (e.e. plentyn yn cael magwraeth ansefydlog) *from pillar to post*

**rhyngot ti a mi a'r pared** yn gyfrinachol *between you, me and the gate-post*

**parthau hyn, y** yr ardal hon *these parts*

**pawb**

    **o bawb** yr un mwyaf annisgwyl, e.e. 'John o bawb!'

    **pawb a'i frawd** tyrfa fawr *the world and his wife*

    **pawb at y peth y bo / pawb a'i wair** nid yr un pethau sy'n denu pawb *each to his own*

**pedol**

    **tro pedol** newid cyfeiriad yn llwyr trwy droi i wynebu'r ffordd arall *U-turn*

**pedwar**

    **ar fy mhedwar** ar fy mhengliniau *on all fours*

    **unwaith yn y pedwar amser** pur anaml *infrequently*

**pellafoedd byd** *far-flung places*

**pen**

    '**a fo ben, bid bont**' rhaid i arweinydd wasanaethu yn ogystal â chael ei wasanaethu; geiriau Bendigeidfran wrth ei filwyr yn ail gainc 'Pedair Cainc y Mabinogi'

    **a'm pen wrth y post** anifail wedi ei glymu'n dynn fel na all symud; yn gaeth heb le i symud *shackled hand and foot*

    **a'm pen yn fy mhlu** fel iâr ar y glaw; yn bruddglwyfus a digalon *like a wet weekend*

    **a'm pen yn y gwynt** heb unrhyw syniad yn fy mhen *footloose and fancy-free*

    **ar ben** wedi gorffen *at an end*

    **ar ei ben** yn union; wedi taro'r hoelen ar ei phen *bang on*

    **ar fy mhen fy hun** wrth fy hunan *by myself*

    **cadw fy mhen uwchben y dyfroedd** prin osgoi mynd o dan y dyfroedd *to keep my head above water*

    **colli fy mhen** gwirioni; rhoi'r gorau i ystyried yn rhesymol a dilyn y teimladau

    **crafu pen** gorfod ystyried yn ddwys; meddwl yn galed

**cyn pen dim** mewn byr o dro; yn sydyn *in a jiffy*

**dros ei ben a'i glustiau mewn cariad** wedi ffoli'n llwyr *head-over-heels in love*

**dros ei ben a'i glustiau mewn dyled** *up to his eyes in debt*

**hen ben** rhywun galluog *an old head [on young shoulders]*

**mi rown fy mhen i'w dorri** rwyf mor sicr nes 'mod i'n fodlon mentro 'mhen *to put my head on the block*

**mopio fy mhen** cymryd ffansi at *infatuated*

**mynd â'i ben iddo** adfeilio, dod i ddiwedd ei oes *to fall to pieces*

**na phen na chynffon** methu dirnad; methu gwneud na rhych na gwellt *unable to make head nor tail of something*

**o ben bwygilydd** o un pen i'r llall *from end to end*

**o led y pen** yn llydan agored *wide open*

**o'm pen a'm pastwn** fy mhenderfyniad i yn unig *off my own bat*

**pen ac ysgwydd yn uwch** llawer gwell *head and shoulders above*

**pen draw'r byd** rhywle pell, anghysbell *the back of beyond*

**pen praffaf** pen cryfaf; y darn trymaf *the heavy end*

**pen set** di-droi'n-ôl *to be set (on a course of action)*

**pen yn y gwynt** yn methu canolbwyntio; penchwiban *flibbertigibbet*

**rhoi eich pen i dorri** mor wired â *you can bet your sweet life*

**'Ym mhob pen y mae piniwn'** Siôn Brwynog *everyone's got an opinion*

**penelin**

**nes penelin na garddwrn** am berthynas deuluol *blood is thicker than water*

**wrth fy mhenelin** ar bwys; gerllaw *to be at hand*

**Penmaenmawr** enw lle a ddefnyddir yn enw ar *hangover*

**pennaf**

**ffrindiau pennaf** *the best of friends*

**pennau**

rhoi ein pennau ynghyd cyfarfod i drafod; ymgynghori
*to put our heads together*

**pennod ac adnod** tystiolaeth fanwl *chapter and verse*

**penwaig**

fel penwaig yn yr halen yn dynn iawn *like sardines*

**perchen anadl**

pob perchen anadl ymadrodd beiblaidd am bopeth byw
*every living soul*

**pererin**

'Pererin wyf mewn anial dir / Yn crwydro yma a thraw'
William Williams, Pantycelyn

**perfedd**

mynd i berfedd ceisio cyrraedd craidd y mater; mynd i blu
*to get to the heart of the matter*

**perfedd / perfeddion nos** ganol nos *the depth of night*

**pert**

dyna un pert i siarad *a fine one to talk*

**perthyn trwy'r trwch** am deulu lle mae llawer o berthnasau;
hefyd **fel perfedd mochyn** *intertwined*

**perygl**

dim ffiars o berygl *no bloody way*

perygl bywyd am rywbeth peryglus iawn *more than your
life's worth*

**peth**

ar ei beth mawr y llw mwyaf cysegredig *a sacred oath*

eithaf peth peth dymunol

**pethau**

'Gwnewch y pethau bychain a glywsoch ac a welsoch gennyf i'
gorchymyn olaf Dewi Sant ar ei wely angau, 'Buchedd
Dewi'

o bethau'r byd o bopeth yn y byd *looking for all the world*

o gwmpas fy mhethau yn gwbl ymwybodol o'r hyn sy'n
digwydd *compos mentis*

**piau hi** ennill; cario'r dydd; mynd â hi *to win*

**picil**

mewn picil mewn trafferthion; mewn cawl *in a pickle*

**pig**

cael fy mhig i mewn cael cyfle i ddweud rhywbeth *to say my two pennorth*

cael pig i mewn cael mynediad, hyd yn oed ar y lefel ddistadlaf *a foot in the door*

nid wrth ei big y mae prynu cyffylog / gylfinir nid wrth ei olwg allanol y mae barnu gwerth rhywun neu rywbeth *a pig in a poke*

tynnu pig [ar rywun] gwneud ffŵl o rywun *to make a fool of someone*

**pigo bwrw** smwclaw; pigach *to drizzle*

**pilo wyau**

dyw e ddim yn pilo wyau i neb ddim yn ymgreinio i neb *to pull no punches*

**pìn**

fel pìn mewn papur yn ddifrycheulyd *like a new pin*

**pinnas**

codi ei binnas am gwch yn codi ei hwyl yn barod i symud *to move*

**pinnau**

ar binnau yn bryderus ac yn ofnus *on pins*

**pisiad gwybedyn** ychydig iawn o hylif; diferyn *a drop*

**piso**

fel piso mochyn yn yr eira dros y lle i gyd

mor gam â phiso mochyn am resi nad ydynt yn syth, sydd fel ôl gyr o foch ar heol *zig-zagging all over*

piso dryw bach yn y môr cyfraniad bach iawn *a drop in the ocean*

piso crics / gwidw te gwan iawn, diflas *weak tea*

piso yn erbyn y gwynt gweithred sy'n gwneud mwy o niwed nag o les *to pee into the wind*

Wedi piso yn y gwely? cwestiwn i rywun nad ydych chi'n arfer eu gweld yn gynnar yn y bore

tra phisom yn loyw, **cardoted y meddyg** arwydd syml o
iechyd da ydy piso clir

**pistyll**

> **fel pistyll mewn stên** am rywun nad yw'n addas i'w
> amgylchedd *a square peg in a round hole*

**plant**

> **plant Mari** (y Forwyn Fair) Gwyddelod a Chatholigion
> *Catholics and Irish people*
> **plant y byd hwn** rhai sy'n gyfarwydd â ffordd y byd
> o wneud pethau; yn y Beibl, dywedir bod y rhain yn
> llawer mwy cyfrwys a bydol ddoeth na Christnogion
> *worldy-wise*

**plastr**

> **yn blastr o** llawn o; yn drwch o *plastered with*

**plentyn**

> '**Pan feddwn dalent plentyn / I weld llais a chlywed llun**'
> 'Afon', Gerallt Lloyd Owen
> **plentyn drwy'r berth / plentyn llwyn a pherth / plentyn
> siawns** *an illegitimate child*
> '**y plentyn i'r dyn sy'n dad**' gwelir nodweddion y dyn yn y
> plentyn cyn iddo dyfu'n ddyn. Elfed *the child is father of the
> man*

**pleser o'r mwyaf** pleser mawr *it's a great pleasure*

**plu**

> **mynd i blu rhywbeth** archwilio (maes, testun) yn fanwl
> *to get down to the nitty-gritty*
> **mynd i blu rhywun** pan fo rhywun wedi dweud rhywbeth
> amdanoch na ddylai, neu wneud rhywbeth i'ch cynhyrfu
> **pluen yn fy nghap** cydnabyddiaeth am gamp a gyflawnwyd,
> yn seiliedig ar arfer, e.e. gan wroniaid Indiaid America, o
> ychwanegu pluen at benwisg am bob gelyn a laddwyd
> *a feather in my cap*

**pluo**

> **pluo ei wely ei hun** troi'r dŵr i'w felin ei hun
> **pluo fy nyth** casglu cyfoeth neu arian yn rhinwedd swydd

neu gyfrifoldeb (gydag awgrym o ddirgelwch neu dwyll) *to feather my own nest*

**plwmp**

**yn blwmp ac yn blaen** heb flewyn ar dafod *straight-talking*

**plwyf**

**ar y plwyf** heb waith na chynhaliaeth *destitute*

**plygu**

**gwell plygu na thorri** weithiau mae'n well cyfaddawdu, neu dynnu'n ôl *better to bow than to break*

**plygu gwrych** y grefft o greu gwrych na fyddai anifail yn gallu dianc drwyddo *to lay a hedge*

**poen**

**am fy mhoen** (yn wobr dila fel arfer) am fynd i'r drafferth *for my troubles*

**dan boen** dan fygythiad (cyfreithiol) *on pain of (death)*

**dim poen, dim elw** *no pain, no gain*

**poeni**

**mae rhywbeth bach yn poeni pawb** does neb yn y byd heb ryw ofid *everyone has something on their mind*

**polyn lein a pheg** dyn tal yng nghwmni dyn byr

**popeth dan haul** popeth a mwy *everything under the sun*

**popeth i bawb** un sy'n ceisio plesio pawb, sydd mewn perygl o droi gyda phob gwynt

**porcyn** yn noeth *naked*

**pori**

**a bôr a bâr** mae anifail sy'n pori'n debygol o gael bywyd hwy nag anifail sy'n bwyta cig

**pori yn yr un meysydd** rhannu'r un diddordebau

**porthi** arfer o gymeradwyo pregeth drwy ebychu 'Amen'

**porthi awydd** cynnal neu fwydo awydd *to make all the more keen*

**porthi milgi cyn ras** ceisio gwneud rhywbeth yn rhy hwyr ac sy'n debygol o wneud mwy o niwed nag o les

**posel / poset** cymysgedd meddyginiaethol o win a llaeth *posset*

**post**

yn fyddar bost yn gwbl fyddar *deaf as a post*

yn wirion bost yn gwbl wirion *daft as a brush*

**potes**

Lol botes maip! *Rubbish!*

rhyngof fi a'm potes fy musnes i a neb arall *that's for me to worry about*

**pregeth**

'Ac o'i bregethau i gyd / Y fwyaf oedd ei fywyd' 'Tom Nefyn', William Morris

**pric pwdin** darn o bren a ddefnyddir i godi pwdin (mewn cwdyn) allan o ddŵr berwedig; yn ffigurol, rhywun sy'n gwneud gwaith annifyr ar ran rhywun arall *a catspaw*

**prin**

ei gael yn brin diffygiol; yn eisiau *to be found wanting*

**pris**

am bris yn y byd (mewn brawddeg negyddol) ddim ar unrhyw gyfrif *on no account*

**proc**

rhoi proc i'r tân dweud rhywbeth i gadw cynnen i fynd yn hytrach na'i gostegu; cynhyrfu'r dyfroedd *to stir things up*

**proffwyd**

'nid yw proffwyd heb anrhydedd ond yn ei wlad ei hun' y bobl y mae rhywun wedi ei fagu yn eu plith yw'r rhai olaf i gydnabod ei rinweddau neu wrando ar ei gyngor *a prophet in his own land*

**pryd**

ar brydiau weithiau *sometimes*

ar hyn o bryd nawr *now*

ar y pryd yr amser hwnnw *at the time*

cyn pryd yn gynnar *premature*

hen bryd rhywbeth a ddylai fod wedi ei gyflawni ers amser *high time*

mewn da bryd yn gynnar; o flaen amser *in good time*

o bryd i'w gilydd weithiau *sometimes*

**pryd²**

pryd o dafod dwrdio; dweud y drefn *to scold*

pry[f] garw tipyn o gymeriad; bachan budur *quite a guy*

**prynu**

a bryn dir a bryn gerrig / a bryn gig a bryn esgyrn ni ellir cael dim sy'n hollol ddidrafferth

prynu aerwy cyn prynu buwch *first things first*

prynu'n rhad, prynu eilwaith *buy cheap, buy twice*

pump bysedd, llaw gw. estyn

**pwdin**

pwdin o'r un badell llathen o'r un brethyn *a chip off the old block*

Pwy sydd wedi dwyn dy bwdin di? cwestiwn i rywun sy'n edrych yn ddiflas ac yn ddigalon

pwff a drewi a dyna i gyd rhywun sy'n bygwth llawer ond yn gwneud dim *all wind and piss*

pwll diwaelod rhywbeth sy'n llyncu adnoddau'n ddi-ball *a bottomless pit*

pwnc testun, testun trafod

adrodd / canu'r pwnc cyfarfod arbennig yr Ysgol Sul, lle byddai plant ac oedolion yn cydadrodd darn o'r ysgrythur ac / neu'n ateb cwestiynau amdano

holi'r pwnc yr holi oedd yn dilyn adrodd y pwnc

pwnc llosg testun y mae cryn anghytuno yn ei gylch *a contentious issue*

**pwnsh**

fel y pwnsh am blentyn bach iachus a chryf *great*

pwy 'na beth ti'n galw *what's-his-name*

**pwyll**

gan bwyll cymryd amser; peidio â gwylltio *to take it easy*

gan bwyll mae mynd ymhell

pwyll piau hi bydded yn ofalus *Take care!*

yn fy iawn / llawn bwyll yn berchen ar fy holl allu meddyliol *in my right mind*

pwyntio / estyn bys cyhuddo *to point the finger*

**pwys / pwysau**
    **ar bwys** gerllaw
    **codi pwys rywun** gwneud i rywun deimlo'n gyfoglyd
    *to make someone feel sick*
    **pwys a gwres y dydd** dyma oedd llafurwyr yn y winllan
    yn achwyn amdano yn y Beibl; heddiw, darn anoddaf tasg *in*
    *the heat of the day*
    **taflu fy mhwysau** ymddwyn yn awdurdodol *to throw my*
    *weight about*
    **yn / wrth fy mhwysau** yn fy amser fy hun *in my own sweet*
    *time*
**pwyso**
    **pwyso a mesur** asesu'n fanwl *to weigh up*
    **pwyso ar rywun** dwyn perswâd ar rywun *to bring pressure to*
    *bear*
**pwyth**
    **talu'r pwyth yn ôl** talu'n ôl, boed am garedigrwydd neu
    ddial *pay-back*
**pydru**
    **pydru arni** dyfalbarhau *to get on with it*
    **pydru mynd** mynd yn brysur ac yn ddyfal *to put one's best*
    *foot forward*
**pysgota mewn dŵr llwyd** am rywun sy'n ceisio gwneud elw ar
    draul trallodion pobl eraill *fishing in murky waters*
**pysgotwr**
    'heb ddim ond bad / Pysgotwr unig, sydd yn chwipio'r dŵr'
    'Llyn y Gadair', T. H. Parry-Williams
**pyst dan yr haul** pelydrau gweladwy o oleuni sy'n arwydd o law
    *God's light*

# Ph

**Philistiaid** gelynion yr Israeliaid; heddiw, rhai a ystyrir
yn ddiddiwylliant, nad ydynt yn gwybod am y 'pethe'
*Philistines*

**rebel**
 'hen rebel fel fi' dyn pechadurus cyn iddo gael ei achub gan
 grefydd
**rownd y ril** dro ar ôl tro *all the time*
**rygarŷg** rhegen yr ŷd; yn drosiadol, rhywun sy'n parablu'n
 ddi-daw *a chatterbox; crex crex (corncrake)*

**rhacs jibidêrs** wedi ei chwalu'n rhacs *smashed to smithereens*
**rhad**

**rhad ac am ddim** heb gostio dim arian *free of charge*
**rhad arnat** gwyn dy fyd *bless you!* *(also used ironically)*
**rhaff**

**rhoi digon o raff i rywun ei grogi ei hun** gadael i rywun
ddal ati yn ei ffolineb gan wybod y bydd hynny'n ei arwain i
drybini *to give someone enough rope to hang themselves*
**rhoi gormod o raff** (i dafod, dychymyg, tymer a.y.b.) rhoi
gormod o ryddid *to run away with*
**rhag**

**rhag eich cywilydd** *shame on you*
**rhag llaw** ymlaen llaw
**rhaid**

**gwneud ei raid** cachu *to do his business*
**mae'n rhaid gen i** rwy'n siŵr *I'm sure*
**o raid** dan orfodaeth; yn gorfod *under duress*
**rhaid wrth** mae'n angenrheidiol *a must-have*
**wrth raid** er mwyn ateb yr angen, e.e. ychydig o arian wedi
ei gynilo wrth raid *insurance*
**rhan**

**ar ran** yn lle *on behalf of*
**dod i'm rhan** sy'n digwydd imi *it befalls me*
**o'm rhan i** o'm safbwynt i *for my part*
**rhannu'r dorth yn deg** rhaid bod yn deg wrth bawb *to get a fair
share*
**rhastal** silff rwyllog i ddal gwair ar gyfer anifail
**codi'r rhastal** rhoi llai o ymborth *to reduce the ration*
**gostwng y rhastal** cynnig mwy o ymborth *to increase the
ration*
**rhawg**

**ymhen y rhawg** cyn hir *before long*

**rhech**

lliw rhech a rhwd ceffyl gwinau *a roan*

rhech dafad rhywbeth hollol ddiwerth *totally useless*

rhech mewn pot jam rhywun da i ddim *a fart in a trance*

**Rhech mochyn coron!** (gorllewin) ebychiad pan fo pethau'n mynd o chwith *Dammit!*

**rhedeg**

ar redeg yn gyflym *at full tilt*

rhedeg ar beirniadu; difrïo; beio *to bad-mouth*

rhedeg yr yrfa gwneud eich gorau yn ras bywyd *to run the race (of life)*

**rheffyn pen bawd** gwneud defnydd o rywbeth sydd ar gael (fel cydio ym mhen bawd i gario rhywbeth trwm dan gesail); yn wreiddiol, rhaff a arferid ei defnyddio wrth roi to gwellt ar dŷ, am y gellid troi darnau ohoni am ben bys neu fawd *fingertip rope*

**rhegi i'r cymylau** *to turn the air blue*

**rheswm**

tu hwnt i bob rheswm cwbl afresymol *totally unreasonable*

wrth reswm wrth gwrs *of course*

**rhewi**

chwipio rhewi rhewi'n galed *freezing cold*

rhewi'n gorn rhewi'n galed *frozen solid*

**rhif y gwlith** nifer fawr iawn *like the sands of the desert*

**rhigol**

mynd i rigol mynd i'r arfer o wneud yr un hen bethau *stuck in a rut*

**rhinwedd**

yn rhinwedd oherwydd *by virtue of*

**rhith**

dan rith yn ymddangosiadol (er mwyn twyllo) *in the guise of*

**rhod**

mae'r rhod yn troi mae ein hamser yn y byd hwn yn mynd heibio *the clock is ticking*

**o rod i rod** o genhedlaeth i genhedlaeth *from one generation to the next*

**rhodd**

'Rhodd enbyd yw bywyd i bawb' Saunders Lewis

**rhodio**

**mynd i rodio** ymadrodd braidd yn henffasiwn am fynd ar wyliau

**Rhodd Mam** holwyddoreg (cyfres o gwestiynau ac atebion) a ddefnyddid i drwytho plentyn yn nysgeidiaeth y Beibl

**rhoi**

**rhoi ar ddeall** *to let it be known*

**rhoi ar waith** rhoi cychwyn ar rywbeth *to set a task*

**rhoi bod i** creu *to bring into existence*

**rhoi bys ar** gwybod beth yn union sy'n bod *to put his finger on*

**rhoi cynnig ar rywbeth** ceisio cyflawni rhywbeth

**rhoi'r gorau i rywbeth** peidio â'i wneud rhagor *to give up*

**rhoi gwybod i rywun** trosglwyddo gwybodaeth i rywun

**rhoi i fyny** rhoi'r gorau i

**rhoi o'r neilltu** rhoi i'r naill ochr *to put to one side*

**rhoi stop ar** atal

**rhwydwaith**

'Mae rhwydwaith dirgel Duw / Yn cydio pob dyn byw'
'Brawdoliaeth', Waldo Williams

**rhwydd hynt** gadael yn ddilestair, heb unrhyw rwystr *to feel free*

**rhwyfo yn erbyn y llanw** brwydro yn erbyn y llif / y mwyafrif *to swim against the tide*

**rhwym**

**dan rwymau** mewn dyled i *indebted*

**yn rhwym o** yn sicr o *to be bound to*

**rhych**

**methu gwneud na rhych na gwellt / na rhych na rhawn** o gyfnod pan fyddai un ychen yn y rhych (pridd) a'r llall ar y borfa (gwellt); methu gwneud na phen na chynffon o rywbeth; methu gwneud synnwyr o rywbeth *to be unable to make head nor tail of it*

**rhyfel**

> **mynd i ryfel heb arfau** peidio â pharatoi'n ddigonol at sefyllfa, ac o'r herwydd, byddwch yn siŵr o gael eich maeddu

**rhygnu**

> **rhygnu arni** mynd ymlaen ac ymlaen mewn ffordd lafurus *to grind on*
>
> **rhygnu byw** byw trwy lafur caled, undonog *to grind out a living*

**rhyngot ti a mi a'r pared / wal** yn gyfrinachol *between you, me and the gate-post*

**rhyngu bodd** bodloni *to satisfy*

**Rhys Llwyd y lleuad** *the man in the moon*

**rhyw**

> **o'r iawn ryw** y math gorau o *genuine*

**r(h)ywsut rywfodd / rhywsut-rywsut** heb fawr o raen *any old how*

**rhywun rywun** (nid) rhywun cyffredin (mo hwn) *not any old Tom, Dick or Harry*

**sachau dyrnu** menig atalcenhedlu *condoms*

**sachlïain a lludw** adeg y Beibl roedd yn arferiad gwisgo brethyn bras o flew geifr neu gamelod a thaenu llwch ar y pen fel arwydd o alar neu edifeirwch *sackcloth and ashes*

**saff**

yn **saff** (Dduw) i ti yn sicr *guaranteed*

**sang**

dan ei **sang** yn orlawn; yn gyforiog *full to bursting*

**sang-di-fang** fel ffair *all over the shop*

**saith cysgadur,** y saith Cristion cynnar a gafodd eu cau mewn ogof yn y drydedd ganrif. Aethant i gysgu, gan ddihuno 200 mlynedd yn ddiweddarach, pan aeth un i ymofyn bwyd, cyn syrthio'n ôl i drwmgwsg a fydd yn para hyd Ddydd y Farn

**saith**

**saith gwaeth** yn waeth o lawer *much worse*

**sâl**

bod yn **sâl eisiau** torri fy mol o eisiau *to want badly*

**Sanhedrin** prif Gyngor yr Iddewon; defnyddir heddiw am gorff biwrocrataidd, cul

**sathru**

**sathru / damshgel ar gyrn** sarhau; pechu rhywun; gwneud i rywun weld yn chwith; y syniad o sefyll yn anfwriadol ar ddarn poenus o droed rhywun *to step on someone's toes*

**sathru dan draed** anwybyddu barn neu wrthwynebiad a mynd ymlaen heb ystyried neb arall *to ride roughshod over*

**sawdl**

dan y **sawdl** dan orthrwm; dan fawd rhywun *under the heel*

troi ar fy **sawdl** troi cefn yn sydyn (a gadael) *to turn on my heel*

**sbon**

newydd **sbon danlli** na welwyd na chlywyd erioed o'r blaen *brand spanking new*

**sefyll**

> **sefyll allan** bod yn amlwg *to stand out*
>
> **sefyll ar fy nhraed fy hun** bod yn annibynnol *to stand on my own two feet*
>
> **sefyll arholiad** *to sit an exam*
>
> **sefyll dros** cynrychioli *to represent*
>
> **sefyll gyda rhywun** (gorllewin) cysgu yn nhŷ rhywun
>
> **sefyll i fyny dros** arddel ac amddiffyn
>
> **sefyll i lawr** rhoi'r gorau i *to stand down*
>
> **sefyll yn ei olau ei hun** am rywun y mae ei weithredoedd yn gwneud mwy o niwed nag o les iddo yng ngolwg pobl eraill *doing himself no favours*
>
> **sefyll yn stond** sefyll yn eich unfan heb symud *to stand stock still*

**seiat** cyfarfod i drafod a rhannu profiadau crefyddol yn wreiddiol, ond erbyn hyn nid yw'n gyfyngedig i grefydd e.e. 'seiat holi'

**seithfed nef** hapus fy myd; ar ben fy nigon *in seventh heaven*

**sen**

> **bwrw sen ar** difenwi; enllibio *to insult*

**sêr**

> 'Canhwyllau'r Gŵr biau'r byd' disgrifiad Dafydd ap Gwilym o'r sêr
>
> **sêr ar wyneb cawl** braster y cig ar wyneb cawl

**serch a wna ffordd drwy ddŵr a thân** bydd cariad yn ennill y dydd *love conquers all*

**seren**

> 'Pan fo seren yn rhagori,
> Fe fydd pawb a'i olwg arni,
> Pan ddêl unwaith gwmwl drosti,
> Ni bydd mwy o sôn amdani.'
>
> **seren bren** rhywbeth da i ddim *a chocolate teapot*

**sêt fawr** y sedd o flaen y pulpud mewn capel lle mae'r blaenoriaid/diaconiaid yn eistedd

**sgawt**

**ar sgawt** mynd i edrych a chwilota *on the look-out*
**sgidiau dal[a] adar** *plimsolls; daps*
**sgil**

**yn sgil** y tu ôl i; yng nghysgod; yn dilyn *in the wake of*
**'sgod a 'sglods** *fish'n'chips*
**sgrech**

**wedi mynd yn sgrech ar rywun** wedi mynd yn argyfwng
*gone pear-shaped*
**sgwâr**

**sgwâr paffio** *a boxing ring*
**si / sŵn ym mrig y morwydd** ymadrodd beiblaidd am ryw
hanner stori *rumour has it*
**siaced fraith,** y y got amryliw a roddwyd i Joseff gan ei dad ac a
fu'n destun cenfigen i'w frodyr yn y stori yn y Beibl *coat of
many colours*
**Siani bob man** am wraig sydd oddi cartref byth a beunydd
**siapio**

**Siapa hi! / Siapa dy stwmps!** Symuda!; Symuda dy goesau!
*Get a move on!*
**siarad**

**gwag siarad** siarad ofer, dibwrpas *empty talk*
**mân siarad** cloncian; clebran *chat*
**mewn ffordd o siarad** ar ryw olwg *in a manner of speaking*
**siarad â'r wal** rhywbeth hollol ddiwerth; neb yn gwrando
nac yn deall *may as well talk to the wall*
**siarad bras** siarad mewn ffordd anweddus *coarse talk*
**siarad bymtheg i'r dwsin** siarad yn gyflym gan wasgu
pymtheg gair i gyfnod y byddai deuddeg gair yn ei gymryd
fel arfer *to talk nineteen to the dozen*
**siarad fel melin bupur / melin glep / pwll y môr** siarad
pymtheg i'r dwsin *to chatter on*
**siarad mewn damhegion** siarad fel nad oes neb yn deall yr
ystyr *to speak in riddles*

**siarad o'r frest / fron** siarad yn ddifyfyr ac yn deimladwy
*to extemporise*

**siarad siop** siarad am waith *to talk shop*

**siarad siprys** (cymysgedd o geirch a barlys) siarad
cymysgedd o Gymraeg a Saesneg

**siarad trwy ei het** siarad dwli *talking through his hat*

**siarad wrth y pwys a byw wrth yr owns** nid yw'r
gweithredoedd cystal â'r dweud *all mouth, no trousers*

**siawns na ddaw / siawns y daw** mae'n siŵr o ddod

**siencin [te]** bara menyn mewn te

**silff**

ar y silff am ferch ddibriod heb ragolygon priodi *on the shelf*

**sili-gwt** cystadleuaeth tynnu rhaff *tug o'war*

**simli** cyfarfod anffurfiol o ddawnsio a chanu

**siom**

cael siom ar yr ochr orau pethau'n troi allan yn well na'r
disgwyl *pleasantly surprised*

**Siôn a Siân** am unrhyw bâr sydd wedi bod yn briod ers
blynyddoedd; enwau'r ddau gymeriad a geir mewn tŷ i
ddarogan y tywydd

**Siôn Cwsg / Huwcyn** *the Sandman*

**Siôn pob gwaith** *Jack of all trades*

**Sioni bob ochr** rhywun sy'n ochri gyda pha bynnag ochr sydd
mwyaf manteisiol iddo gan newid o ochr i ochr; un na ellir
ymddiried ynddo; chwarae'r ffon ddwybig *to run with the
fox and hunt with the hounds*

**siop**

**siop siafins** lle anniben iawn; lle di-drefn i'w ryfeddu
*a complete and utter mess*

**y siop yn ffenest i gyd**
1. am ferch sydd wedi gwisgo i arddangos ei chorff
2. heb ddim ar ôl ar y silffoedd yn y siop

**siort orau** person neu rywbeth o'r math gorau *one of the best*

**siswrn bach yn torri, mae** rhybudd o'r hyn allai ddigwydd wrth
drafod cyfrinachau o flaen plant *little pigs have big ears*

siw

na siw na miw dim un sŵn o gwbl *not a peep*
siwgr coch siwgr brown *brown sugar*
siwrnai seithug taith ofer *a wasted journey*
slei bach (heb wybod i gi na chath) *slyly*
Sodom a Gomorra dwy ddinas yn y Beibl oedd yn ddiarhebol
am eu hanfoesoldeb a'u drygioni, ac a ddinistriwyd gan
Dduw oherwydd hynny
solo twps cystadleuaeth unawd mewn eisteddfod i rywun sydd
heb gystadlu o'r blaen

sôn

yn ôl y sôn / yn ôl pob sôn yr hanes yw *rumour has it*
sopen ddigywilydd *a saucy baggage*
sorri'n bwt pwdu'n lân *to sulk*

stad

gwella'm stad gwneud gwell byd i mi fy hunan *to better myself*
starfio teimlo'n oer iawn; rhewi; llwgu

stori

mae'r stori'n dew mae sôn ar hyd y lle *rumour is rife*
stomp cyfarfod lle mae beirdd traddodiadol a beirdd rap yn
herio'i gilydd er mwyn diddanu cynulleidfa
gwneud stomp gwneud llanast o bethau; gwneud cawl
*to make a balls-up*

strach

mewn strach mewn cawl *in a fix*
strim-stram-strellach yn gymysg oll i gyd; pendramwnwgl; blith
draphlith *topsy-turvy*

stumog

does gennyf ddim stumog am does gennyf ddim awydd
*I have no stomach for*
stwmp / stwnsh tatws wedi eu berwi a'u malu
Sul, gŵyl a gwaith bob dydd yn ddiwahân *each day regardless*

swigen

rhoi pìn yn swigen rywun rhoi taw ar rhywun bostfawr,
hunanbwysig *to deflate an ego*

**swm a sylwedd** byrdwn; craidd y mater *what it amounts to*

**swp**

    **swp sâl** yn dost iawn *very poorly*

    **swp o annwyd** cors o annwyd *full of cold*

**swydd**

    **yn un-swydd** gydag un bwriad yn unig *for the sole purpose*

**sych grimp** mor sych nes ei bod yn dechrau crino *bone-dry*

**sychu tin rhywun** ymgreinio; cadw ar ochr orau; seboni
    *to toady*

**sydyn**

    **yn sydyn daw dydd Sadwrn** mae rhywbeth sydd yn
    ymddangos yn bell i ffwrdd yn cyrraedd yn gyflym yn y
    diwedd *it will soon be on you*

    **yn sydyn mae'r tropas yn syrthio i'r cawl** yn yr hen simneiau
    agored, byddai darnau o huddygl yn disgyn i'r cawl yn y
    crochan ar y tân; rhywbeth annisgwyl o gyflym; fel huddygl
    i botes

**synnu**

    **synnu a rhyfeddu** synnu'n fawr iawn *to be astonished*

    **synnen i fochyn / synnen i daten** synnen i ddim *I wouldn't
    be at all surprised*

**syrthio**

    **syrthio ar fy mai** cyfaddef *to admit*

    **syrthio / cwympo / disgyn rhwng dwy stôl** methu
    penderfynu rhwng dau ddewis a gorffen heb yr un *to fall
    between two stools*

**syth bìn, yn** ar unwaith *straight away*

**tablen** cwrw gwan, cartref *homebrew*
    **yn dablen whil** (gorllewin) meddw gaib *drunk as a skunk*
**taeru du yn wyn** taeru'n ystyfnig yn erbyn pob tystiolaeth
    *to swear black was white*
**tafell**
    **pa ochr i'r dafell mae'r menyn** gw. **menyn**
**tafliad olwyn** olwyn nad yw'n syth *the cast of a wheel*
**taflu**
    **taflu afalau i berllan** *to carry coals to Newcastle*
    **taflu cic** anelu ergyd geiriol cyfrwys *to sneak a kick*
    **taflu'r garreg gyntaf** yn arwain y cyhuddiadau neu'r galw
    am gosb *to cast the first stone*
    **taflu gemau / perlau o flaen moch** cynnig pethau gwerthfawr
    (yn arbennig bethau chwaethus, celfyddydol) i rai nad ydynt
    yn medru eu gwerthfawrogi *to cast pearls before swine*
    **taflu het yn erbyn y gwynt** ceisio gwneud rhywbeth
    amhosibl; rhywbeth ofer, di-fudd *a waste of time and effort*
    **taflu'r llo a chadw'r brych** taflu'r peth gwerthfawr a chadw'r
    peth di-werth
    **taflu llwch i'm llygaid** ceisio celu'r gwir *to pull the wool over*
    *my eyes*
**tafod**
    **a'm tafod yn fy moch** *tongue in cheek*
    **ar dafod leferydd** ar gof *by heart*
    **cael tafod** cael cerydd *cold tongue for supper*
    **'hir ei dafod, byr ei wybod'** *empty vessels make the most*
    *noise*
    **llym fy nhafod** *sharp-tongued*
    **'tafod a draetha, buchedd a ddengys'** *for all his fine words,*
    *class will out*
    **tafod drwg** difrïo rhywun, dweud pethau cas *to bad-mouth*

**tangnefeddwyr**

'Gwyn eu byd tu hwnt i glyw, / Tangnefeddwyr, plant i Dduw' 'Y Tangnefeddwyr', Waldo Williams

**talar**

**pen y dalar** y diwedd *journey's end*

**talcen**

**talcen caled** rhywbeth anodd iawn *no easy task*

**talcen slip** am rywbeth nad yw o safon uchel *shoddy*

**troi ar ei dalcen** troi wyneb i waered *to turn on its head*

**yfed ar ei dalcen** yfed mewn un llwnc, ar ei ben *to sink in one go*

**talu**

**dau ddrwg talu sy** – talu ymlaen a pheidio â thalu o gwbl addo talu wrth fenthyg rhywbeth

**ni thâl hi ddim** nid dyma'r ffordd i wneud rhywbeth *it won't do*

**talu ar ei ganfed** buddsoddiad da *to pay dividends*

**talu ffordd** heb wneud colled; bod o fantais *to benefit*

**talu'n hallt** talu'n ddrud *to cost one dear*

**talu'r gymwynas olaf** ymweld â theulu rhywun sydd wedi marw neu fynd i'r angladd *to pay one's last respects*

**talu'r hen chwech yn ôl** dial; talu'r pwyth yn ôl *pay-back*

**talu trwy'r trwyn** talu pris sy'n rhy uchel; efallai ei fod yn tarddu o arfer y Daniaid o hollti trwyn y sawl na thalai ei drethi *to pay through the nose*

**tamaid**

**tamaid blasus** (yn ffigurol) hanes neu glecs bach difyr *a tasty story*

**tamaid i aros pryd** darn bach o rywbeth nes i'r peth iawn gyrraedd *keeping the wolf from the door*

**tân**

**ar dân** yn llawn brwdfrydedd *raring to go*

**fel tân gwyllt** yn lledaenu'n gyflym *to spread like wildfire*

**hawdd cynnau tân ar hen aelwyd** hawdd atgyfodi hen gynhesrwydd tuag at rywun *it's easier to kindle a fire on an old hearth*

**tân a brwmstan** dyma sy'n nodweddu uffern *fire and brimstone*

**tân ar fy nghroen** rhywbeth annioddefol *cuts to the quick*

**tân mewn eithinen / tân siafins** tân mawr nad yw'n para'n hir; rhywbeth sy'n fflamio'n sydyn ond ddim yn para *a flash-fire*

**tân oer** tân wedi ei osod ond heb ei gynnau

**tân sa' 'nôl** tân mawr sy'n taflu gwres

**yn dân golau** yn fflamau *aflame*

**tanio fel matsen** gwylltio'n rhwydd *to spark like a match*

**taro**

> **dim llawer o daro** dim llawer o fwrlwm neu awch; dim angen (arnaf) *not much go*
>
> **taro ar rywun** digwydd cyfarfod â *to bump into someone*
>
> **taro ergyd pert** *to strike it sweetly*
>
> **taro'r fwyell / yr hoelen ar ei phen / ar ei thalcen** dweud yr union beth oedd ei angen *to hit the nail on the head*
>
> **taro i mewn** galw'n ddirybudd am ychydig amser *to pop in*
>
> **taro llaw** dyma'r ffordd draddodiadol o selio cytundeb rhwng dau *to shake (on a deal)*
>
> **taro rhywbeth yn ei dalcen** rhoi terfyn ar rywbeth cyn iddo ledu neu gael gafael *to nip in the bud*
>
> **taro tant** codi adlais *to strike a chord*

**tarw potel** *artificial insemination*

**taten yn fy hosan** twll yn fy hosan *a hole in my sock*

**tatws**

> **tatws wedi mynd efo'r / gyda'r / trwy'r dŵr** wedi berwi'n ddarnau mân
>
> **tatws / tato o'r un rhych** pobl debyg i'w gilydd *two peas in a pod*

**taw**

> **rhoi taw** sicrhau bod rhywun neu rywbeth yn distewi *to shut up*
>
> **taw piau hi** byddwch dawel *say nothing's best*

**tawel**

> **tawel fy meddwl** *satisfied*

**tawelwch wedi'r storm** rhyddhad yn dilyn argyfwng
*the calm after the storm*
**yn dawel bach** mewn ffordd gyfrinachol *surreptitiously*
Tawn i byth o fanco! / o'r fan! llw; pe na bawn yn symud o'r man
*Blow me down!*

**te**

**te coch** te heb laeth *black tea*
**te deg** egwyl o'r gwaith am ddeg y bore *a morning tea-break*
**te tramp** te lle rhoddir y dail te'n rhydd mewn cwpan ac
arllwys dŵr berwedig drostynt
**tebyg at ei debyg** *birds of a feather flock together*

**teg**

**trwy deg** ceisio perswadio yn hytrach na gorfodi *by fair means*

**teimlad**

**dan deimlad** emosiynol *emotional*
**teithi iaith** priodoleddau neu nodweddion arbennig iaith
*the characteristics of a language*

**tennyn**

**cyrraedd pen y tennyn / dod i ben fy nhennyn** dod i ben
draw yr hyn y gellir ei ddioddef *at the end of my tether*
**testun sbort** cyff gwawd *a figure of fun*

**tewi**

**Tewch â sôn!** mynegiant o syndod *You don't say!*

**tin** pen-ôl

**a'i din ar y ddaear** rhywun byr
**ar hyd fy nhin** yn anfodlon; yn groes i'm hewyllys *against my will*
**cos din taeog ac ef a gach yn dy law** *to bite the hand that feeds you*
**dan din** yn slei ac yn annheg *underhand*
**dim mwy o dryst na thwll tin babi** rhywun na ellir dibynnu arno *as dependable as a baby's bottom*
**ddim yn gwneud lled ei din** am weithiwr gwael (adeg y cynhaeaf tatws, gwair, yn wreiddiol) *doesn't earn his keep*

**llwyr ei din** symud am yn ôl; llwyr ei gefn *backwards*

**ofn trwy ei din** llond twll o ofn *scared witless*

**tin dros ben** *a somersault*

**tin y nyth** cyw bach olaf; cyw melyn olaf *the last of the brood*

**tin y sach** gwaelod y sach *the bottom of the sack*

**tinddu**

    **tinddu meddai'r frân wrth yr wylan** y Diafol yn gweld bai ar bechod *the pot calling the kettle black*

**tipyn**

    **bob yn dipyn / fesul tipyn / o dipyn i beth** cam wrth gam; fesul ychydig; yn raddol *bit by bit*

    **o dipyn i beth** yn raddol *gradually*

    **y tipyn** [enw rhywun] peth bach, dibwys. e.e. 'y tipyn swyddog yna'

**tir**

    **ar dir** mewn sefyllfa *to be in a position to*

    **ar dir y byw** yn fyw *in the land of the living*

    **ar y tir** ar sail *on the grounds of*

    **ar yr un tir** yn yr un man *on common ground*

    **colli tir** colli grym

    **ennill tir** tyfu, datblygu *gaining ground*

    **sefyll / ennill ei dir** gwrthod ildio neu gyfaddawdu *to stand his ground*

    **tir angof** wedi mynd i dir angof; wedi ei anghofio *forgotten*

    **tir caregog** yn nameg yr heuwr yn y Beibl, y tir lle nad yw'r had yn gwreiddio; erbyn heddiw, pobl nad ydynt yn barod i wrando *stony ground*

    **tir coch** tir wedi ei aredig *ploughed land*

    **tir glas** tir heb ei aredig *a green sward*

**'tlawd a balch [a byw mewn gobaith]'** ateb parod i'r cwestiwn 'Sut wyt ti / ydych chi?' *poor but proud*

**tlws**

    'Tlws eu tw', liaws tawel, – gemau teg / Gwmwd haul ac awel' 'Blodau'r Grug', Eifion Wyn

**to sy'n codi,** y plant a phobl ifanc y genhedlaeth nesaf *the youth of today*

**tomen**

   **ar fy nhomen fy hun** awdurdod yn fy maes, yn fy nghynefin *cock of the walk*

   **ar y domen** wedi ei daflu i'r naill ochr *on the scrap-heap; out of work*

**ton**

   **dan y don** tan bwysau; yn dioddef *under the weather*

**torch**

   **rhoi fy mhen yn y dorch** cael fy hun mewn trafferthion

**torchi llewys** paratoi ar gyfer ymdrechu o ddifrif *to roll up one's sleeves*

**torri**

   **na ad i'th dafod dorri dy wddf** gochel rhag cael ddal gan dy eiriau dy hun

   **torri allan / mas** cael eich esgymuno; cael eich diarddel o fod yn aelod o gapel neu eglwys

   **torri asgwrn cefn rhywbeth** cyflawni rhan anoddaf *to break the back of a task*

   **torri bol** bron â byrstio; methu aros *dying to*

   **torri Cymraeg** siarad; ymgomio *to be on speaking terms*

   **torri cyt** gwisgo ac ymddangos yn ymwybodol ffasiynol *to cut a dash*

   **torri dadl** setlo rhyw destun dadleuol *to settle an argument*

   **torri'ch enw** llofnodi; arwyddo *to sign*

   **torri gair**

   1. peidio â chyflawni addewid *to break one's word*

   2. siarad â rhywun

   **torri'r garw** torri'r ias; cyflwyno pobl ddieithr i'w gilydd *to break the ice*

   **torri glo mân yn glapiau** (darnau bach o lo) gwneud yr amhosibl; bugeilio'r brain

   **torri gwynt** pecial neu rechian *to break wind*

   **torri fy llwybr fy hun / torri llwybr i mi fy hunan** mynd

fy ffordd fy hun yn hytrach na dilyn pawb arall; torri fy
nghwys fy hun *to make my own way*
**torri i mewn** dofi, gwastrodi ceffyl *to break in (a horse)*
**torri stori hir yn fyr** crynhoi *to cut a long story short*
**torri syched** *to quench a thirst*
**torri tir newydd** arloesi *avant-garde; to pioneer*
**wedi torri** am rywun y mae olion henaint i'w gweld arno
**torth**
    **ni ellir cadw torth a'i bwyta** *you can't have your cake and
eat it*
**trachefn**
    **drachefn a thrachefn** dro ar ôl tro; drosodd a throsodd *over
and over*
**traed**
    **a'i draed ar y ddaear** disgrifiad o rywun call, ymarferol;
y gwrthwyneb i rywun penchwiban *with his feet firmly on
the ground*
    **a'm traed yn rhydd** heb fod yn atebol i neb *footloose*
    **ar flaenau fy nhraed** yn barod; yn awyddus; ar fy ngorau
*to be on my toes*
    **aros ar fy nhraed** heb fynd i'r gwely
    **cael fy nhraed yn rhydd** cael dechrau gwneud fy
mhenderfyniadau fy hun, heb fod yn atebol i neb arall
*to break free*
    **dan draed** yn y ffordd; yn niwsans *under my feet*
    **disgyn / syrthio ar eich traed** eich cael eich hun mewn
sefyllfa ffodus yn dilyn y posibilrwydd o fethu *to land on
your feet*
    **[eistedd] wrth draed** bod yn ddisgybl i *to sit at the feet of*
    **rhoi traed yn y tir** rhedeg i ffwrdd *to leg it*
    **traed chwarter i dri** y ddwy droed yn troi am allan *splayed
feet*
    **traed hwyad** *flat feet*
    **traed moch** annibendod llwyr; cynddddrwg ag y gallai fod
*a pig's ear*

**wrth draed** [athro] derbyn addysg gan

**yn nhraed fy sanau** yn gwisgo dim ond sanau am fy nhraed *in my stockinged feet*

**trai**

**ar drai** pan fydd y môr yn cilio o'r tir; yn ffigurol, am unrhyw beth sy'n cilio, sy'n gwanhau *to wane*

**'Trechaf treisied, gwannaf gwaedded'** *to the victor the spoils and Devil take the hindmost*

**tri chynnig i Gymro** *three tries for a Welshman*

**trist**

**mwy trist na thristwch** *unbearably sad*

**tro** troad y byd sy'n diffinio'n hamser ni

**ar dro** o bryd i'w gilydd; ambell waith *occasionally*

**mewn byr o dro** heb fod yn hir *before long*

**dros dro** ddim yn para byth *temporarily*

**drosodd a thro** dro ar ôl tro *time and again*

**o dro i dro** o bryd i'w gilydd *from time to time*

**tro ar fyd** pan fo amgylchiadau'n newid *a change of fortune*

**tro²** gweithred

**hen dro** digwyddiad anffodus *what a shame*

**tro da** cymwynas *a good deed*

**tro gwael / sâl** anghymwynas *a dirty trick*

**tro pedol** newid barn yn llwyr *a U-turn*

**tro trwstan** digwyddiad anffodus *a mishap*

**tro³**

**tro ymadrodd** ffordd o ddweud rhywbeth *a turn of phrase*

**tro yng nghynffon** rhywbeth annisgwyl cyn y diwedd *a twist in the tail*

**troad y rhod** y dydd byrraf a'r dydd hwyaf *to turn a full cycle*

**troed**

**ar droed** ar waith; wedi dechrau *afoot*

**rhoi 'nhroed i lawr** dangos fy awdurdod *to put my foot down*

**rhoi 'nhroed ynddi** gwneud camgymeriad a fydd yn cael ei edliw *to put my foot in it*

troi

**ei throi hi** gadael; mynd (yn dilyn ymweliad fel arfer) *to take one's leave*

**troi a throsi**

1. anesmwytho yn y gwely *to toss and turn*
2. ystyried pob ochr i broblem

**troi ar fy sawdl** troi i wynebu'r ffordd arall *to turn on my heel*

**troi arnaf**

1. codi cyfog arnaf
2. bod yn gas wrthyf *to turn on me*

**troi cleddyfau'n sychau** troi oddi wrth ymladd a brwydro at gynhyrchu maeth *to beat your swords into ploughshares*

**troi'r dŵr at fy / i'm melin fy hun** cymryd mantais (annheg) er mwyn elwa ar sefyllfa *to feather my own nest; to line my own pockets*

**troi efo pob awel** fel llong heb lyw sy'n cael ei gwthio i bob cyfeiriad gan y gwynt *to turn with every wind*

**troi fy nghlos** mynd i'r tŷ bach

**troi heibio**

1. paratoi corff i'w gladdu (mewn rhannau o'r de)
2. rhoi o'r neulltu; rhoi'r gorau i ddefnyddio; e.e. 'dillad wedi eu troi heibio' (yn y gogledd)

**troi trwyn ar rywun neu rywbeth** dilorni; edrych i lawr ar; gwrthod *to turn up one's nose*

**troi tua thre** mynd adre *to head for home*

**troi tu min** dangos ochr galed, feirniadol; bod yn llym *to be cutting*

**troi yn ei fedd** anghymeradwyaeth; holi beth fyddai (hwn a hwn) yn ei feddwl o weld hyn *to turn in his grave*

trol cert

**rhoi'r cert / y drol o flaen y ceffyl** cael pethau yn y drefn anghywir; dod i gasgliad cyn clywed y rheswm *to put the cart before the horse*

**rhaid troi'r drol cyn y byddi'n wir gertmon** wrth ein camgymeriadau y dysgwn y gwersi mwyaf

**troi'r drol** gwneud llanastr o bethau; moelyd y cart *to make a complete mess of things*

**trontol** dolen cwpan

**codi trontolion** gosod eich dwylo ar eich gwasg fel bod eich penelinoedd yn creu trontolion *arms akimbo*

**trothwy**

**ar drothwy** ar fin; pan fo rhywbeth ar ddigwydd *on the verge of*

**trwch**

**o drwch asgell gwybedyn** agos iawn, iawn *by the skin of my teeth*

**trwy'r trwch** drwyddi draw *all mixed up in it*

**trwy'r amser** o hyd ac o hyd *all the time*

**trwyn**

**cadw trwyn rhywun ar y maen** sicrhau bod rhywun yn gweithio'n galed hyd nes cwblhau'r dasg *to keep one's nose to the grindstone*

**dan fy nhrwyn** yn agored ac yn fy mhresenoldeb *under my very nose*

**hen drwyn** rhywun mawreddog *a snob*

**troi trwyn ar** ymwrthod yn ffroenuchel *to turn one's nose up at*

**trwyn wrth din** ceir mewn tagfa draffig *nose to tail*

**wysg fy nhrwyn** dilyn fy nhrwyn; mynd ar hap, heb gyfeiriad na bwriad na chynllun *to follow my nose*

**tu**

**tu chwith allan /mas** *inside-out*

**tu ôl / tu chwith ymlaen** *back-to-front*

**twrw**

**mwy o dwrw nag o daro** llawer o fygythion ond dim gweithredu *all talk but little action*

**Twt lol! / Twt y baw!** *Rubbish!*

**twyllo**

**nid twyll twyllo twyllwr** mae rhywun sy'n twyllo eraill yn haeddu cael ei dwyllo ei hun *it's no deceit to deceive a deceiver*

**twym**

chewch chi ddim o'i dwym na'i oer rhywun sy'n amharod i ddangos ei deimladau a'i safbwynt ar bethau *not to know where he stands*

**twymyn twtio** yr awydd i lanhau'r tŷ *houseproud*

**tŷ**

'Fesul tŷ nid fesul ton / Y daw'r môr dros dir Meirion' 'Tryweryn', Gerallt Lloyd Owen. Dyma sut y collir y Gymraeg

**tynged a thraha** 'tynged' – rhagluniaeth, y dyfodol sydd wedi ei baratoi i ni; 'traha' yw'r rhyfyg o herio tynged *fate and hubris*

**tynnu**

**tynnu ar ôl rhywun** *to take after someone*

**tynnu byrraf ei docyn** *to draw the short straw*

**tynnu dannedd**
1. gwaith deintydd
2. tynnu ymaith rym neu awdurdod *to remove power*
3. ceisio cael gwybodaeth gan rywun sy'n anfodlon ei rhannu – 'fel tynnu dannedd' *like pulling teeth*

**tynnu fy mhwysau** gwneud fy siâr *to do my bit*

**tynnu'n groes** gwrthwynebu *to be contrary*

**tynnu gwep** tynnu wyneb er mwyn dangos anfodlonrwydd *to pull a jib*

**tynnu gwifrau** cael dylanwad (cyfrinachol) ar bobl sy'n gwneud penderfyniadau *to pull strings*

**tynnu het i rywun** arwydd o barch ac edmygedd *to take my hat off to*

**tynnu llwch** dwstio *to dust*

**tynnu rhywun i 'mhen** achosi i rywun ddal dig; tynnu nyth cacwn i 'mhen *to upset someone*

**tynnu torch** cystadlu â rhywun; ymryson *to argue*

**tynnu wynebau** gwneud ystumiau *to make faces*

**tynnu ymlaen** heneiddio *ageing*

**tywyll**

**tywyll bitsh** mor dywyll â bola buwch ddu *pitch black*

**tywyllu**

> **tywyllu cyngor** codi materion ymylol sy'n drysu trafodaeth *to cloud one's judgement*
>
> **tywyllu drws** ymddangos yn y drws; ymweld (mewn brawddeg negyddol, rhybudd i beidio â dod i rywle byth eto) *[never] to darken these doors [again]*

**un**

> **oll ac un** pawb ohonom
> **un dyn bach ar ôl** mae wastad un sy'n wahanol i bawb arall
> *the odd one out*
> **un o fil** rhywun tra arbennig *one in a million*

**undeb**

> **mewn undeb mae nerth** *strength through unity*

**undydd, unnos** dros nos

**unfan**

> **aros / sefyll yn fy unfan** sefyll heb symud *to stand stock still*

**unfed awr ar ddeg** y cyfle olaf un cyn iddi fynd yn rhy hwyr
> *the eleventh hour*

**unfryd unfarn** yn gwbl gytûn; yn unfrydol *unanimous*

**union**

> **ar fy union** yn syth *immediately*

**unwaith**

> **unwaith ac am byth** *once and for all*
> **unwaith yn ddyn a dwywaith yn blentyn** pan fydd pobl yn
> drysu yn ei henaint ânt yn ôl i fod yn blant
> **unwaith yn y pedwar amser** gw. **amser**

**waeth befo** (gogledd) does dim gwahaniaeth *never mind*

**wal**

> **mynd i'r wal** methu (am fusnes); yr hwch wedi mynd drwy'r siop *to go to the wall*
>
> **wal ddiadlam** problem na ellir ei datrys *an insurmountable problem*

'**Wel**,' **meddai Wil wrth y wal** (ac weithiau '**Ond wedodd y wal ddim byd wrth Wil**')

**wfft**

> **dau wfft** / **dwbwl wfft iddo** twt, twt *tut, tut*

**whilbero mwg** disgrifiad o waith rhywun nad oes ganddo lawer i'w ddangos am ei ymdrechion *a waste of time and effort*

**wyau**

> **rhoi'r wyau i gyd mewn un fasged** mentro popeth ar un fenter *to put all your eggs in one basket*
>
> **rhoi'r wyau mewn mwy nag un fasged** cadw mwy nag un dewis; peidio â mynd yn orddibynnol ar un peth yn unig *not to put all your eggs in one basket*

**wylo'n hidl** llefain yn ddilywodraeth *to weep copiously*

**wyneb**

> **ar yr wyneb** yn ymddangosiadol *on the face of it*
>
> **bod â wyneb** haerllug; digywilydd *to have a cheek*
>
> **cadw wyneb** gwneud rhywbeth o ddyletswydd neu er mwyn osgoi cywilydd *to save face*
>
> **crafu'r wyneb** bwrw golwg arwynebol heb edrych yn drylwyr ar rywbeth *to scratch the surface*
>
> **derbyn wyneb** ffafrio rhywun oherwydd ei statws neu ei gyfoeth *showing favouritism*
>
> **wyneb i waered** *upside down*
>
> **wyneb yn wyneb** yn wynebu ei gilydd *face to face*
>
> **yn wyneb** dweud rhywbeth (cas yn aml) tra bydd y person yn bresennol *to my face*

**wysg**

    **wysg fy nghefn** am yn ôl *backwards*

    **wysg fy nhin** *arse first*

**wythnos gwas newydd** cyfnod cychwynnol rhywun newydd i'w swydd sy'n frwdfrydig ac yn newid pethau *a new broom sweeps clean*

**ŷd**

hen **ŷd y wlad** hen bobl annwyl cefn gwlad *salt of the earth*

**ŷd yn ei loes** ŷd y mae ei ddail yn melynu

**yfed**

**yf ddŵr fel ych** (yn helaeth) **a gwin fel brenin** (ei sipian)

**yfed [rhywbeth] ar ei ben / ar ei dalcen** ei lyncu'n syth

*to sink in one go*

**yfflon rhacs** yn rhacs jibidêrs *smashed to smithereens*

**ynghyd**

**mynd ynghyd â** mynd i'r afael â; delio â

**ymaflyd codwm** ymgodymu â *to wrestle*

**ymdrechu ymdrech deg / gwneud ymdrech deg / lew** ymadrodd beiblaidd am wneud eich gorau *to do your best*

**ymdrybaeddu mewn trythyllwch** ymddwyn fel mochyn sy'n rholio mewn llaid *like a pig in muck*

**ymddiheuro'n llaes** ymddiheuro'n ddiffuant ac yn ddwys *to apologise profusely*

**ymestyn ei big** am rywun sydd wedi mynd braidd yn hy; wedi mynd yn rhy fawr i'w sgidiau *too big for his boots*

**ymgeledd cymwys** gwraig dda. Dyma'r disgrifiad o Efa a geir yn Llyfr Genesis pan luniwyd hi gan Dduw yn wraig i Adda *a fitting companion*

**ynfyd**

**ni wêl yr ynfyd ei fai** *there's none so blind as those who will not see*

**ysbardun a ffrwyn** dau ddarn o gyfarpar yr oedd eu hangen i reoli ceffyl – y naill rhag iddo fynd yn rhy araf, a'r llall i'w gadw rhag rhedeg yn wyllt *carrot and stick*

**ysgafn**

**cymryd rhywun / rhywbeth yn ysgafn** peidio â chymryd o ddifrif

**ysgrifen**

**ysgrifen ar y mur** rhybudd fod trychineb ar ddigwydd.
Yn Llyfr Daniel yn y Beibl, pan oedd y Brenin Balsassar yn
dathlu yn ninas Babilon, ymddangosodd ysgrifen ar y mur:
'pwyswyd di yn y glorian a'th gael yn brin', a dinistriwyd ei
deyrnas *the writing on the wall*

**ysgrifen traed brain** / **ysgrifen baglau brain** ysgrifen
anniben / flêr

**ysgubo'r llawr â rhywun** trechu rhywun yn llwyr mewn dadl
neu ymryson *to wipe the floor with someone*

**ysgwydd**

**addo** / **gair dros ysgwydd** heb fwriadu gwneud dim *to make
an empty promise*

**cynnig** / **gofyn dros ysgwydd** dim ond gofyn er mwyn
plesio; heb fod yn ddiffuant *a half-hearted offer*

**rhoi ysgwydd dan yr arch** cynorthwyo (yn ariannol) *to offer
(financial) support*

**ysgwydd yn ysgwydd** ochr yn ochr; yn cefnogi ei gilydd
*shoulder to shoulder*

**ystafell**

**'Dos i mewn i'r 'stafell ddirgel'** lle mae goleuni Duw yn byw
y tu mewn i ti. Morgan Llwyd

**'Ystafell Gynddylan ys tywyll heno'** 'Canu Heledd'

**ystên Sioned** casgliad o amryfal bethau *a mixed bag*

**ystyr**

**ar lawer ystyr** mewn llawer ffordd *in many respects*

mor addfwyn / cyn addfwyned ag     oen
mor aml / cyn amled â     gwybed yn Awst
mor aml / cyn amled â     drudwy
mor anwadal â'r     gwynt
mor ara' deg â     malwen
mor falch / cyn falched ag     alarch ar lyn
mor falch / cyn falched â     pheunod y plasau
mor flin â     thincer
mor frau / cyn freued â     gwe pry cop
mor fudr / cyn futred â     cholomen
mor fyddar â     phost
mor galed / cyn galeted ag     asgwrn cath
mor galed / cyn galeted â     dur
mor galed / cyn galeted â     haearn Sbaen
mor galed / cyn galeted â     challestr
cyn galled â     sarff
mor gam â     bachau crochan
mor glyd / cyn glyted â     nyth y dryw
mor goch / cyn goched â     gwaed
mor goch / cyn goched â     chrib ceiliog
mor goch / cyn goched â     thân
mor grwn â     phêl
mor gryf / cyn gryfed â     march
mor gryf / cyn gryfed ag     eliffant
mor gyflym / cyn gyflymed â     gwennol y gwehydd
mor gyflym / cyn gyflymed â     mellten
mor gyfrwys / cyn gyfrwysed â     llwynog
mor gyfrwys / cyn gyfrwysed â     sarff
mor gynnes / cyn gynhesed â     phathew
mor chwerw / cyn chwerwed â     bustl
mor chwerw / cyn chwerwed â     wermod
mor chwim / cyn chwimed â     gafr gwanwyn
mor ddall / cyn ddalled â     thylluan
mor ddi-dal â     cheiliog gwynt
mor ddigywilydd â     thalcen tas
mor ddiniwed / cyn ddiniweitied â     cholomen
mor ddiniwed / cyn ddiniweitied â     mwydyn

| | |
|---|---|
| mor ddistaw / cyn ddistawed â'r | bedd |
| mor ddistaw / cyn ddistawed â | llygoden |
| mor ddiwyd â | gwenynen |
| mor ddu / cyn ddued â'r | frân |
| mor ddu / cyn ddued â | pharddu |
| mor ddu / cyn ddued â | muchudd |
| mor ddwfn / cyn ddyfned â'r | môr |
| mor esmwyth / cyn esmwythed â | gwely plu |
| mor ffyddlon / cyn ffyddloned â | gwas y gog |
| mor las / cyn lased â'r | awyr |
| mor las / cyn lased â | chenhinen |
| mor loyw / cyn loywed â | dŵr |
| mor wan / cyn wanned â | blewyn |
| mor wan / cyn wanned â | chath |
| mor wancus â'r | wenci |
| mor wir / cyn wired â'r | pader |
| mor wydn / cyn wytned â | lledr |
| mor wyllt â | chacwn |
| mor wyn / cyn wynned â'r | carlwm |
| mor wyn / cyn wynned ag | eira |
| mor wyn / cyn wynned â | chalch |
| mor hagr / cyn hacred â | phechod |
| mor hallt â | heli |
| mor heini â | phioden |
| mor hyll / cyn hylled â | phechod |
| mor iach / cyn iached â | chneuen |
| mor iach / cyn iached â | chricsyn |
| mor llawen â'r | gog |
| mor llon â | brithyll |
| mor llawn / cyn llawned ag | wy |
| mor llwyd / cyn llwyted â | lludw |
| mor llydan / cyn lleted â | drws melin |
| mor llyfn / cyn llyfned â | charreg y drws |
| mor llym / cyn llymed â | nodwydd |
| mor llywaeth â | llo |
| mor fain / cyn feined â | brwynen |
| mor fain / cyn feined ag | edafedd gwawn |
| mor farw / cyn farwed â | hoelen |
| mor feddw â | thincer |
| mor felyn / cyn felyned ag | aur dilin |
| mor felys / cyn felysed â | mêl |

mor oer / cyn oered â
mor bigog â
mor boeth / cyn boethed â
mor brysur / cyn brysured â
mor brysur / cyn brysured â
mor sâl / cyn saled â
mor sicr / cyn sicred â
mor sicr / cyn sicred â'r
mor sionc / cyn sionced â'r
mor sobr / cyn sobred â
mor sur / cyn sured â
mor sych / cyn syched ag
mor sych / cyn syched â
mor syth / cyn sythed â
mor dawel / cyn daweled â
mor denau / cyn deneued â
mor denau / cyn deneued ag
mor dew / cyn dewed â
mor dew / cyn dewed â
mor dlawd / cyn dloted â
mor drefnus â
mor drwm / cyn drymed â
mor dwp â
mor dwt / cyn dwted â
mor dyllog â
mor dynn / cyn dynned â
mor dywyll /cyn dywylled â
mor dywyll / cyn dywylled â'r
mor ysgafn / cyn ysgafned â
mor ystwyth â

thrwyn ci
draenog
thân
beili mewn sasiwn
chynffon oen fis Mai
chi
phader
Farn
dryw
sant
llysi duon bach
odyn galch
chorcyn
chawnen
thes
iâr yn ei thalcen
ystyllen
mochyn
chlust eidion
llygoden eglwys
morgrugyn
phlwm
sled
nyth y dryw
rhidyll
thant
bol buwch
fagddu
phluen
maneg

# Mynegai / Glossary

**English–Welsh**
In the body of the text, one of the aims was to attempt to match the
Welsh idiom with an equivalent expression in English. One of the
dilemmas involved in preparing a list of idioms is how best to help a
reader find the idiom again. The answer sought in this volume was
to seek a key word that characterises the idiom and list it under that
word. If the case arises where different readers may have different
ideas about what that key word is, do look under another possibility
rather than give up hope. Where there is a 'treiglad' (mutation) or
other variation, the original word is given in order to assist in finding
the phrase.

| | |
|---|---|
| A. N. Other | Ann Hysbys |
| abiding city, an | dinas barhaus |
| abort the winter | erthylu'r gaeaf |
| abroad | ar hyd ac ar led |
| absence of, in the | yn niffyg (diffyg) |
| acceptance, gain | ennill fy mhlwyf |
| accident, by | ar antur |
| according to | chwedl (person's name) |
| according to demand | yn ôl y gofyn |
| account of, on | ar gownt (cownt) |
| account of, to be given an | cael cownt |
| account, on any | ar unrhyw gyfrif (cyfrif) |
| account, on no | am bris yn y byd (pris) |
| acquire estates | cydio maes wrth faes |
| act in haste, repent at leisure | byr feddwl wna hir ofal |
| Adam's line | ach Adda |
| admire | meddwl yn fawr |
| admit | cwympo / syrthio ar fy mai |
| advantage, be of | bod o fantais (mantais) |
| aflame | yn dân golau (tân) |
| afoot | ar droed / ar gerdded (troed) |
| afraid of his own shadow | ofni ei gysgod |
| afraid of something, everyone's | draenog i bob neidr |
| after all | wedi'r cyfan |
| afterlife | byd a ddaw |

| | |
|---|---|
| against his will | yn groes i'w ewyllys |
| against my will | ar hyd fy nhin (tin) |
| against the grain, go | yn groes [i'r] graen (croes²) |
| age, an | oes pys |
| ageing | tynnu ymlaen |
| ages, for | ers achau / ers cantoedd / ers hydoedd |
| agitated | methu byw yn fy nghroen (croen) |
| ahead, go | mynd rhagddo / mynd yn fy mlaen |
| ahead of his time | o flaen ei oes |
| aim for a target | cyrchu at y nod |
| aim for something and miss than to aim for nothing and succeed, it's better to | gwell anelu at rywbeth a'i fethu nag anelu at ddim a'i daro |
| aim one's barbs | anelu saethau |
| alcoholic beverage | diod gadarn |
| alive with | berwi |
| all mouth, no trousers | siarad wrth y pwys a byw wrth yr owns |
| all over | pant a bryn |
| all over the place | fel piso mochyn yn yr eira |
| all over the shop | sang-di-fang |
| all talk, no action | mawr ei fost, bach ei orchest (bost) |
| all the goods on display | y siop yn ffenest i gyd |
| all the time | byth a beunydd / byth a hefyd |
| all things to all men | popeth i bawb |
| alloted span | oed yr addewid |
| almost | o fewn y dim |
| almost there | yn agos ati |
| alpha and omega | alffa ac omega |
| Ancient of Days | yr Hen Ddihenydd |
| Anglesey | gwlad y medra |
| angry, to be | teimlo'n flin / yn grac (blin) |
| answer for every problem | eli at bob dolur |
| antediluvian | cyn y dilyw |
| anticipated | yn ôl y disgwyl |
| anvil, stock of the | cyff eingion |
| any old how | r(h)ywsut rywfodd / rhywsut-rywsut |

| | |
|---|---|
| apologise profusely | ymddiheuro'n llaes |
| appearances, to all | yn ôl pob golwg |
| apple of my eye | cannwyll fy llygad |
| argue | tynnu torch |
| argument, a flawed | dadl sydd ddim yn dal dŵr |
| armful | coflaid |
| arms akimbo | codi trontolion |
| arms and legs, all | fel cyw caseg |
| arm's length | o hyd braich |
| arrive at the shore | dod i'r lan (glan) |
| arse first | wysg fy nhin |
| artificial insemination | tarw potel |
| as good as my word, as | cystal â'm gair |
| as required | yn ôl y galw |
| as such | fel y cyfryw |
| as things are | y byd sydd ohoni |
| ask for trouble | codi newyn o'i wâl |
| aslant | acha wew |
| assess | pwyso a mesur |
| assuming | a bwrw |
| astonished, to be | synnu a rhyfeddu |
| at the time | ar y pryd |
| attention, demand | hoelio sylw |
| augurs badly, it | mae'r fwyell wrth wraidd y pren (bwyell) |
| | |
| Avalon, Isle of | Afallon |
| avant-garde | torri tir newydd |
| | |
| | |
| bachelor | hen lanc |
| back door, in through the | trwy ddrws y cefn (drws) |
| back on, turn one's | troi gwegil |
| back to the wall | â'm cefn at y mur |
| back, make a | gwneud gwar |
| back, on someone's | bod ar war (gwar) rhywun |
| backbone | asgwrn cefn |
| back-to-back | cefngefn |
| back-to-front | tu ôl / tu chwith ymlaen |
| backwards | llwyr ei din (tin) / wysg fy nghefn |
| bad to worse, from | o ddrwg i waeth (drwg) |
| bad apple spoils the barrel, a | afal pwdr a ddryga'i gyfeillion |

| | |
|---|---|
| bad habit | cast |
| bad mood, in a | croen ei din ar ei dalcen / â'm |
| | gwallt am ben fy nannedd |
| bad thing, no | eithaf peth |
| bad-mouth, to | tafod drwg / rhedeg ar |
| bags of | llond gwlad o |
| balance, in the | yn y fantol (mantol) |
| ball-bearings | hadau beics |
| balls-up | cachu hwch |
| balls-up, make a | gwneud stomp / gwneud cawl o |
| balm | eli ar friw |
| bang on | ar ei ben |
| bantam cock | ceiliog bantam |
| baptism of fire | bedydd tân |
| barely | odid ddim |
| basically | yn y bôn |
| bat out of hell, like a | fel cath i gythraul |
| bat, off my own | ar fy nghorn (corn) / liwt fy hun / |
| | o'm pen a'm pastwn |
| bear fruit | dwyn ffrwyth |
| bear in mind | cadw mewn cof |
| beauty without decay, no | lle bydd camp bydd rhemp |
| because of | ar gorn (corn) |
| bed | cae nos / cae sgwâr / capel |
| | gwyn / ciando |
| bed, go to | mynd i glwydo (clwydo) |
| bedraggled hen, like a | iâr ar y glaw |
| bedside | erchwyn gwely |
| bee in my bonnet | chwilen yn fy mhen (a honno |
| | ar wastad ei chefn) |
| beehive | cyff gwenyn |
| beer | llaeth mwnci |
| beer, too much | gormod o laeth y fuwch goch |
| | (llaeth) |
| befalls me | dod i'm rhan |
| before long | mewn byr o dro (tro) / |
| | ymhen y rhawg |
| before my betters | o flaen fy ngwell (gwell) |
| beforehand | ymlaen llaw |
| beginning, at the very | ar y dechrau'n deg |
| beginning, from the very | o'r cychwyn cyntaf / o'r dechrau un |

| behalf of, on | ar ran (rhan) |
|---|---|
| behind their back | yng nghefn (cefn) |
| belittle | bwrw sen |
| bell in every tooth | cloch ar bob dant |
| belle of the ball | blodau'r ffair |
| bellyful of, have a | cael llond bol ar |
| belt along | ei ffaglu hi |
| Benedictine monk | Brawd Gwyn |
| benefit, to | talu ffordd |
| bent double | dau ddwbl a phlet (dau) |
| best days | dyddiau gorau |
| best foot forward, put one's | pydru mynd |
| best of all | gorau un / gorau oll |
| best of both worlds | cael / gwneud y gorau o'r ddau fyd (byd) |
| best of friends, the | ffrindiau pennaf |
| best, do your | ymdrechu ymdrech deg / gwneud ymdrech deg / lew |
| bet your sweet life, you can | rhoi eich pen i dorri |
| better a patch than a hole | gwell clwt na thwll |
| better, all the | gorau i gyd |
| better of, get the | cael y gorau ar |
| better off, to be | ar ei ennill |
| better myself | gwella'm stad |
| better to have tried and failed than never to have tried at all | gwell anelu at rywbeth a'i fethu nag anelu at ddim a'i daro |
| between you, me and the gate-post | rhyngot ti a mi a'r pared |
| big ears | clustiau hwyliau |
| bigamist | mochyn deudwlc |
| bird in the hand is worth two in a bush, a | gwell aderyn mewn llaw na dau mewn llwyn |
| birds of a feather flock together | adar o'r unlliw (a hedant i'r unlle) / tebyg at ei debyg |
| bit, do my | tynnu fy mhwysau (pwysau) |
| bit by bit | bob yn dipyn / fesul tipyn |
| bite your tongue | brathu / cnoi tafod |
| bite the dust | llyfu'r llwch |
| bite the hand that feeds you | cos din taeog ac ef a gach yn dy law (tin) |
| biting cold | mae'n gafael |
| black and white, in | ar ddu a gwyn (du) |

| | |
|---|---|
| black dog, the | y felan fawr (melan) |
| black sheep, a | dafad ddu |
| black tea | te coch |
| blade of grass | blewyn glas |
| blame | bwrw bai |
| bless you! (also used ironically) | bendith arnat / rhad arnat |
| blessed | gwyn fy myd |
| blessed and cursed | dedwydd a diriaid |
| blessing, with my | dan fy mendith (bendith) |
| blind leading the blind | y dall yn tywys y dall |
| blink of an eye, in the | ar / mewn amrantiad / ar drawiad amrant |
| blockhead | cyff o ddyn |
| blood, after my | am fy ngwaed (gwaed) |
| blood boil, makes my | gwaed yn berwi |
| blood relation | gwaed coch cyfan |
| blood, in my | yn fy ngwaed (gwaed) |
| bloody fight | hyd at waed (gwaed) |
| blow it! | naw wfft |
| blow my own trumpet | seinio fy nghlodydd fy hunan (clod) |
| Blow me down! | Tawn i byth o fanco! |
| blow savings | blingo'r gath hyd ei chynffon (cath) |
| blue fit | ffit biws |
| blue language | siarad yn fras |
| blue, turn the air | rhegi i'r cymylau |
| boat, in the same | yn yr un cwch |
| body and soul together, keeping | cadw corff ac enaid ynghyd |
| bolt the stable door after the horse has fled | codi pais ar ôl piso |
| bone-dry | sych grimp |
| bone of contention | asgwrn y gynnen |
| bone to pick, a | asgwrn i bilo / i'w grafu |
| boot-licking | llyfu traed rhywun |
| boots, too big for his | ymestyn ei big |
| born with salt in the blood | halen yn y gwaed |
| born, doesn't know he's | heb wybod ei eni (geni) |
| bosom friend | cyfaill calon / mynwesol |
| bottom of the sack | tin y sach |
| bottomless pit | pwll diwaelod |

| | |
|---|---|
| bound to | yn rhwym o |
| bow-legged | coesau bachau crochan |
| boxing ring | sgwâr paffio |
| brainstorm | gwyntyllu syniadu |
| brand new | newydd sbon danlli |
| bray with laughter | gweryru fel gafr y gors |
| brazen | gwargaled |
| breach, step into | camu / dyfod i'r adwy / sefyll yn yr adwy |
| breadline, living on the | byw'n fain |
| break, it's better to bow than to | gwell plygu na thorri |
| break free | cael fy nhraed yn rhydd |
| break in | torri i mewn |
| break one's word | torri gair |
| break the back of a task | torri asgwrn cefn rhywbeth |
| break the ice | torri'r garw |
| break wind | torri gwynt |
| breath | anadl einioes |
| breath back, get my | cael fy ngwynt ataf (gwynt³) |
| breath of fresh air | chwa o awyr iach |
| breath, in the same | ar un gwynt |
| breathlessly | â'm gwynt yn fy nwrn |
| briefly | ar fyr o eiriau (byr) |
| bright-eyed and bushy-tailed | fel y gog (cog) |
| brim, full to the | hyd y fyl |
| bring up (raise) | dwyn i fyny |
| broad daylight, in | cefn dydd golau |
| brown bread | bara coch |
| brown sugar | siwgr coch |
| brute force | nerth bôn braich |
| build castles in the air | adeiladu cestyll yn yr awyr (castell) |
| bull in a china shop | llo cors |
| bump into someone | taro ar rywun |
| bun in the oven, have a | cael clec |
| burn one's fingers | llosgi bysedd |
| burn the candle at both ends | llosgi'r gannwyll yn y ddau ben (cannwyll) |
| burn to a frazzle | llosgi'n ulw |
| bursting, full to | dan ei sang |
| busting a gut | bwrw / hollti / torri fy mogail (bogail) / torri fy mol (bol) |

| | |
|---|---|
| busy as a bee | fel beili mewn sasiwn / fel cacynen mewn bys coch |
| buy a pig in a poke | prynu cath mewn cwd |
| buy cheap, buy twice | prynu'n rhad, prynu eilwaith |
| by their deeds shall you know them | wrth eu ffrwythau yr adnabyddwch hwy |

| | |
|---|---|
| cake and eat it, you can't have your | ni ellir cadw torth a'i bwyta |
| call by | galw heibio |
| call someone names | galw enwau ar |
| call to account | galw i gyfrif |
| calls for, this | mae gofyn am |
| calm after the storm | tawelwch wedi'r storm |
| candle, can't hold a … to | dal cannwyll |
| can't stand, I | cas gennyf |
| cap fits, if the | gwisga'r cap os yw'r cap yn ffitio |
| card | aderyn / tipyn o hadyn (m); haden (f) |
| care less, I couldn't | ddim yn hidio / malio botwm corn |
| carousel | ceffylau bach |
| carrot and stick | ysbardun a ffrwyn |
| carry coals to Newcastle | cario glo i'r Fflint |
| carry the day | cario'r dydd / maes |
| cart before the horse, put the | rhoi'r cert / drol o flaen y ceffyl (trol) |
| cast into the shadows | bwrw / taflu i'r cysgod |
| cast lots | bwrw coelbren |
| cast of a wheel | tafliad olwyn |
| cast your bread on the waters | bwrw dy fara ar wyneb y dyfroedd (bwrw) |
| cast pearls before swine | taflu gemau / perlau o flaen moch |
| cast the first stone | taflu'r garreg gyntaf |
| cat, no room to swing a | dim lle i chwipio chwannen |
| cat on a hot tin roof | iâr ar farwor / fel gafr ar daranau |
| cat out of the bag, let the | gollwng y gath o'r cwd (cath) |
| catch, there's always a | mae rhyw gythraul dan bob ewin |
| Catholics; Irish people | plant Mari |
| cat's lick and a promise, a | llyfiad cath |
| catspaw | pric pwdin |

| | |
|---|---|
| cavil, a | gair ciprys |
| cease singing | crogi telynau |
| celebrate the harvest | boddi'r cynhaeaf |
| chain is only as strong as its weakest link | nerth cadwyn ei dolen wannaf |
| chance, by | ar hap a damwain |
| change my tune | newid fy nghân |
| change of fortune, a | tro ar fyd |
| changeling | crafaglach / crimbil |
| chapter and verse | pennod ac adnod |
| character reference | geirda |
| characteristics of a language | teithi iaith |
| chat | mân siarad |
| chatter on, to | siarad fel melin bupur / melin glep / pwll y môr |
| chatterbox | rygarûg |
| cheek, have a | bod â wyneb i |
| cheer someone up, to | codi calon rhywun |
| Cheers! | Pob hwyl! |
| cheesy grin | gwên gaws |
| childhood memory | cof plentyn |
| childhood years | bore oes |
| child's play | chwarae plant |
| chip off the old block | blas y cyw yn y cawl / llathen o'r un brethyn / pwdin o'r un badell |
| chocolate teapot | seren bren |
| choose your battles carefully | ofer ymryson â gof yn ei efail |
| claims for, make great | dweud mawr |
| clapped out | chwannog i nogio |
| class, not in the same | ddim yn yr un cae |
| clear memory | cof byw |
| clock is ticking, the | mae'r rhod yn troi |
| close to the knuckle | agos at yr asgwrn |
| cloud of witnesses | cwmwl tystion |
| cloud one's judgement | tywyllu cyngor |
| clumsy | dwy law chwith (llaw) |
| coarse talk | siarad bras |
| coat of many colours | y siaced fraith |
| cock-crow, at | ar ganiad y ceiliog |
| cock of the walk | cân pob ceiliog ar ei domen ei hun |

| | |
|---|---|
| cold blood, in | mewn gwaed oer |
| cold tongue for supper | cael tafod |
| cold, full of | swp o annwyd |
| colder by a coat | oeri trwch cot |
| collaboratively | ar y cyd |
| colloquial Welsh | Cymraeg cerrig galch |
| come to mind | brigo i'r cof / i'r meddwl |
| comb, go through something with a fine-tooth | crib mân |
| colour of my money, see the | gweld lliw fy arian / pres |
| come to my senses | dod at fy nghoed (coed) |
| come to | dod ataf fy hun |
| come what may | doed a ddelo |
| comet | maen awyr |
| common ground, on | ar yr un tir |
| common practice | arfer gwlad |
| complacent | llaesu dwylo |
| complete and utter mess, a | siop siafins |
| completely | hyd y gwraidd |
| compos mentis | o gwmpas fy mhethau / yn fy iawn / llawn bwyll |
| conclusion, bring to a | dod i fwcwl |
| condoms | sachau dyrnu |
| consecutively | o'r bron |
| contentious issue | pwnc llosg |
| contrary to expectations | yn groes i'r disgwyl |
| cope, I can't | mae'n nos arnaf |
| coppers | arian cochion |
| corner of one's eye, the | cil y llygad |
| cost one dear | talu'n hallt |
| cost what it may | costied a gosto |
| country has spoken, the | llais y wlad |
| country lore | llafar gwlad |
| countryside | cefn gwlad |
| courting, not | ddim yn cyboli gyda neb |
| cradle to grave, from | o'r crud i'r bedd |
| create a disturbance | codi twrw |
| credit, to his | er clod |
| crestfallen | torri crib ceiliog |
| crisis, to be in | caethgyfle |
| criss-crossed | croes ymgroes |

| | |
|---|---|
| criticise | anelu saethau / lladd ar [rywun] |
| cross my heart and hope to die | cris croes tân poeth, torri 'mhen a'm dwy goes |
| cross one's fingers | croesi bysedd |
| cross swords, to | croesi cleddyfau |
| cross to bear | cario croes |
| crow flies, as the | fel yr hed y frân |
| cry-baby | babi losin |
| cuff, off the | ffwrdd-â-hi |
| cul de sac | lôn bengaead |
| cunning old fox | hen gadno |
| cup runneth over, my | fy nghwpan yn llawn (cwpan) |
| cups, in my | yn fy niod (diod) / yn fy nghwrw (cwrw) |
| curtsy, to | gostwng garrau |
| cut a dash | torri cyt |
| cut a long story short, to | torri stori hir yn fyr |
| cutting off his nose to spite his face | cachu yn ei nyth ei hunan |
| cut the coat according to the cloth | llunio'r gwadn fel bo'r droed / torri'r pilyn yn ôl y brethyn / torri'r got yn ôl y brethyn (cot) |
| cut to the bone | torri at yr asgwrn |
| cut to the quick | teimlo i'r byw / tân ar fy nghroen |
| cutting | troi tu min |
| cycle, turn a full | troad y rhod |
| dab hand | llaw dda |
| daft as a brush | yn wirion bost (post) |
| daily bread | bara beunyddiol |
| Dammit! | Rhech mochyn coron! |
| Damn it all! | Go fflamia! |
| dance attendance on | dawnsio tendans ar |
| dandy | ceiliog dandi |
| daps / plimsolls | sgidiau dal[a] adar |
| dark days of winter | dyddiau duon bach |
| darken these doors, never | tywyllu drws |
| date | cadw oed |
| dawn to dusk, from | o fore gwyn tan nos (bore) |
| dawning of Utopia | mil blynyddoedd |
| day and night | beunydd beunos |

| | |
|---|---|
| day off | diwrnod i'r brenin |
| day, in my | yn fy nydd (dydd) |
| daytime | yng nghorff y dydd (corff) |
| dead as a door-nail | cyn farwed â hoel |
| dead centre | canol llonydd |
| dead of night | dyfnder nos / cefn trymedd nos |
| deaf as a post | yn fyddar bost (post) |
| deceive | taflu llwch i lygad [rhywun] |
| deceiver, it's no deceit to deceive a | nid twyll twyllo twyllwr |
| deep calleth unto deep | dyfnder a eilw ar ddyfnder |
| deep waters | dyfroedd dyfnion |
| deerstalker | het mynd a dŵad / dod |
| defend someone, to | achub cam |
| deflate an ego | rhoi pìn yn swigen rhywun |
| defy | codi dau fys |
| delighted | wrth fy modd (bodd) |
| demand, a great | mynd mawr |
| demand the last penny | mynnu / talu'r hatling eithaf |
| dependable as a baby's bottom, as | dim mwy o dryst na thwll tin babi |
| depress, to | codi'r felan ar rywun (melan) |
| depression | y felan fawr (melan) |
| depths of my heart, from the | o ddyfnder / eigion calon (dyfnder) |
| depths of winter | dyfnder gaeaf |
| despite my best efforts | er fy ngwaethaf (gwaethaf) |
| destitute | ar y plwyf / bwyta gwellt fy ngwely |
| deteriorate | mynd ar eu gwaeth |
| develop a pot belly | magu bol |
| Devil | y Diafol / Diawl |
| devil incarnate, the | cythraul / diafol mewn croen |
| dickhead | coc oen |
| die | croesi'r ffin / hel eich traed atoch / mynd i'w aped / croesi'r afon |
| difference to me, makes no | waeth gen i (gwaeth) |
| difficulty in, have | cael gwaith |
| dip-stick / skinnymalinks | llinyn trôns |
| dirty trick | tro gwael / sâl |

| | |
|---|---|
| disservice, do someone a | gwneud cam |
| distantly related | brith berthyn |
| do myself in | gwneud amdanaf fy hun |
| do, it won't | ni thâl hi ddim (talu) |
| doctor, heal thyself | nid athro ni ddysg ei hunan |
| dog days | dyddiau cŵn |
| dog's dinner, like a | fel cangen Mai |
| dogs, going to the | mynd i'r gwellt |
| Dominican monk | Brawd Du |
| donkeys' years | oes mul |
| dot, on the | ar y gair |
| dotage | hen ddyddiau (dyddiau) |
| double-edged sword | cleddyf daufiniog |
| down the Swanee | rhwng y cŵn a'r brain |
| down, feel | a'm calon yn fy esgidiau |
| downhill, going | mynd ar y goriwaered |
| drag one's feet, to | llusgo traed |
| dragged through a hedge backwards | wedi ei dynnu drwy'r drain |
| draw in one's horns | tynnu fy nghyrn ataf (cyrn) |
| draw the short straw | tynnu byrraf ei docyn |
| dregs of society | gwehilion cymdeithas |
| drop | pisiad gwybedyn |
| drop a hint, to | cic i'r post / taro'r post i'r pared glywed |
| drop a lamb / calf | bwrw oen / llo |
| drop anchor | bwrw angor |
| drop in the ocean, a | piso dryw bach yn y môr |
| drown (over-water) | boddi'r melinydd |
| drown in sight of land | boddi yn ymyl y lan |
| drunk | ei dal hi |
| drunk as a skunk | yn dablen whil (tablen) |
| dunce's hat | capan cornicyll |
| dusk | brig y nos |
| dusk to dawn, from | rhwng gwyll a gwawl |
| dust, to | tynnu llwch |
| dust, as but | llwch y llawr |
| dying embers | llin yn mygu |
| dying to | bron â / butu marw eisiau |

| | |
|---|---|
| each day regardless | Sul, gŵyl a gwaith |
| each to his own | pawb at y peth y bo |
| ear to the ground, keep my | a'm clust at y ddaear |
| ear, out of the other, in through one | gwrando fel hwch mewn haidd |
| early | yn fore |
| early in the morning | yn y bore bach |
| early bird catches the worm, the | yn y bore y mae ei dal hi |
| early to bed, early to rise | gorffwys yn gynnar gaiff godi'n fore |
| earn his keep, doesn't | ddim yn gwneud lled ei din (tin) |
| earn my crust | ennill fy mara menyn (bara) |
| ears are burning, my | clustiau'n cosi |
| ears, couldn't believe my | methu credu fy nghlustiau (clustiau) |
| earth | daear lawr |
| easier said than done | haws dweud na gwneud |
| east wind | gwynt traed y meirw |
| easy come, easy go | a geir yn rhad a gerdd yn rhwydd (cael) |
| easy does it | ara' deg |
| eat, drink and be merry | bwytewch, yfwch, byddwch lawen (bwyta) |
| Eat up! | daw bola'n gefn |
| eat the seed-corn | bwyta'r mêl o'r cwch |
| echo stone | carreg ateb |
| education reaches from the cradle to the grave | mae addysg o febyd i fedd |
| effect, put into | rhoi mewn grym |
| effeminate man, an | cadi-ffan, hen frechdan (brechdan) |
| eggs in one basket, put all the | rhoi'r wyau i gyd mewn un fasged |
| egocentric | y Fi fawr |
| elbow grease | eli penelin |
| element, in my | yn fy elfen |
| eleventh hour, the | yr unfed awr ar ddeg |
| embolden | bwrw swildod |
| emotional | dan deimlad (teimlad) |
| empty promise, make an | addo / gair dros ysgwydd |
| empty talk | gwag siarad |

| | |
|---|---|
| empty vessels make the most noise | basaf dŵr a lefair / mwyaf [eu] trwst, llestri gweigion / a ŵyr leiaf a ddywed fwyaf (gwybod) / hir ei dafod, byr ei wybod (gwybod) |
| end, at an | ar ben (pen) |
| end of my tether, at the | cyrraedd pen / dod i ben fy nhennyn (tennyn) |
| end of the day, at the | yn y diwedd |
| end of the world | byd ar ben |
| end to end, from | ben bwygilydd (pen) |
| end to, put an | rhoi diwedd ar |
| ends meet, to make | cael deupen [y] llinyn ynghyd |
| English (language) | yr iaith fain |
| enough of a nuisance | digon o farn (barn) |
| entertain the minister | cadw'r mis |
| entirely | o'r bron |
| entrusting the geese to the care of the fox | rhoi gofal yr ŵydd i'r cadno |
| erection | cael min |
| errand, run an | mynd i mofyn neges |
| escape hatch | drws ymwared |
| estimate | bwrw amcan / bwrw'r draul |
| euphemism | gair teg |
| evening, in the | gyda'r nos |
| eventually | ymhen hir a hwyr / yn y man |
| every opportunity, at | bob gafael |
| every other | am yn ail / bob yn ail |
| every single one | pob copa walltog |
| everyday use, for | at iws gwlad |
| everyone | bonedd a gwrêng |
| exactly | yn gwmws (cwmws) |
| excellent | tan gamp (camp) |
| exchange for, in | ar ffair |
| existence, bring into | rhoi bod i |
| extemporise | siarad o'r frest / fron |
| extremely | ar y naw / dros ben |
| every idiot has an opinion, but it is the opinion of an idiot | mae barn gan ffŵl, ond barn ffŵl yw hi |
| eye for an eye | llygad am lygad |
| eye on, keep a sharp | cadw llygad barcud |

| | |
|---|---|
| eye out for, keep an | a'i lygaid dros ei ysgwydd (llygaid) |
| eye, turn a blind | cau llygaid |
| eyeball, to | edrych / syllu ym myw llygaid (byw²) |
| eye-opener, an | agoriad llygad |
| eyes and ears, all | yn llygaid ac yn glustiau i gyd |
| eyes are bigger than my belly | fy llygaid yn fwy na'm bol |
| | |
| face of it, on the | ar yr wyneb |
| face to face | wyneb yn wyneb |
| face, to my | yn wyneb |
| fail utterly | methu'n deg / glir |
| fair means, by | trwy deg |
| fair play | chwarae teg |
| fair share, get a | rhannu'r dorth yn deg |
| fair to middling | go lew |
| fairies | Bendith y Mamau |
| fall between two stools | syrthio / cwympo / disgyn rhwng dwy stôl |
| fall to pieces | mynd yn ffliwt |
| falling to pieces | mynd a'i ben iddo |
| false smile | gwên deg a gwenwyn dani |
| false step | cam gwag |
| falsely | ar gam |
| family devotion | cadw dyletswydd |
| family history, trace the | hel achau |
| fancy, I | mae arnaf chwant |
| fantastical tales | straeon celwydd golau |
| far, by | o ddigon (digon) |
| fare-thee-well | da boch a di-bechod (da bo) |
| farewell, bid | canu'n iach |
| far-flung places | pellafoedd byd |
| fart in a trance | rhech mewn pot jam |
| fast as my feet would carry me, as | nerth fy nhraed |
| fat | cig gwyn |
| fat chance | dim gobaith mul yn y Grand National |
| fat lot of use | cwd y mwg |

| | |
|---|---|
| fatal blow, strike the | rhoid y farwol (marwol) |
| fate and hubris | tynged a thraha |
| father, like son, like | tebyg i ddyn fydd ei lwdn (dyn) |
| fat's in the fire | mae'r gwyddau yn y ceirch (gŵydd) |
| favouritism, showing | derbyn wyneb |
| favours, doing himself no | sefyll yn ei olau ei hun |
| fear of God into, put the | codi arswyd ar |
| feather in my cap, a | pluen yn fy nghap (plu) |
| feather my / one's own nest | pluo fy nyth / troi'r dŵr at fy melin fy hun / hel mêl i'r cwch |
| features, physical | pryd a gwedd |
| February | mis bach |
| feel free, to | rhwydd hynt |
| feet firmly on the ground | a'm traed ar y ddaear |
| feet under the table | hongian het ar yr hoel / cael fy nhraed dan y bwrdd |
| feet, land on your | disgyn / syrthio ar eich traed |
| fickle | chwit-chwat / dim dal |
| fight like cat and dog | byw fel ci a chath / ci a hwch |
| filthy rich | craig o arian |
| finding my feet | cael fy nhraed danaf |
| fine one to talk, a | dyna un pert i siarad |
| finger in the pie | bys yn y brywes / potes |
| finger on it, put one's | rhoi bys ar rywbeth |
| fingertip rope | rheffyn pen bawd |
| fingertips, at my | ar flaenau fy mysedd |
| finished, I'm | mae'n ddomino arnaf (domino) |
| fire and brimstone | tân a brwmstan |
| first come, first served | cyntaf i'r felin gaiff falu / cyntaf i'r efail gaiff bedoli |
| first light | brig y wawr |
| first of all | yn gyntaf un (cyntaf) |
| first things first | prynu aerwy cyn prynu buwch |
| first past the post | am y gorau |
| fishing in murky waters | pysgota mewn dŵr llwyd |
| fish'n'chips | 'sgod a 'sglods |
| fish out of water, like a | fel hwyaden ar dir sych |
| fit of (laughter, coughing, tears), a | hwrdd o |
| fit the bill | taro deuddeg / ateb y diben / ateb y galw |

| | |
|---|---|
| fitting companion | ymgeledd cymwys |
| fives (ball game) | chwarae pêl |
| fix, I'm in a | mae'n ddrwg arnaf / rwyf mewn strach |
| | |
| flash-fire | tân mewn eithinen / tân siafins |
| flat feet | traed hwyad |
| flat on my back | ar wastad fy nghefn (cefn) |
| fledgling / apprentice | cyw |
| fleet of foot | esgud dy droed |
| flesh and blood | cig a gwaed |
| flibbertigibbet | pen yn y gwynt |
| flood of tears | boddfa o ddagrau |
| fly fellow | bachan bore |
| fly in the face of | yn nannedd (dannedd) |
| fly the nest | gadael y nyth / mynd dros y nyth |
| foam, to | malu ewyn |
| fold one's arms | dandwn y gath (cath) / cario'r gath |
| | |
| folk verse, traditional | Hen Benillion |
| follow in the footsteps of | dilyn yn ôl traed |
| follow my nose | wysg fy nhrwyn (trwyn) |
| following | yng nghynffon (cynffon) |
| folly | adeiladu tŷ ar dywod / rhoi allwedd cwt ffowls i'r cadno |
| | |
| fool like an old fool, no | dylaf dwl, dwl hen |
| fool of someone, make a | tynnu pig (ar rywun) |
| fool old stagers, you can't | nid hawdd twyllo hen frithyllod (brithyllod) |
| | |
| fool's paradise | gwynfa'r ynfyd |
| foot in it, put my | rhoi 'nhroed ynddi (troed) |
| foot in the door | cael pig i mewn |
| footloose | a'm traed yn rhydd |
| for better, for worse | er gwell neu er gwaeth |
| for ever and ever | yn oes oesoedd / byth bythoedd / byth bythol |
| | |
| For goodness' sake! | Da chi! |
| For heaven's sake! | Bendith [y] Tad! |
| foray, to make a | dwyn / bwrw cyrch |
| fore, to come to the | dod i'r brig |
| fore, to the | ar y blaen |
| forget | gadael dros gof / gollwng |

| | |
|---|---|
| forgotten | tir angof |
| found wanting, to be | ei gael yn brin (prin) |
| fountainhead / source | llygad y ffynnon |
| four corners of the earth | pedwar ban byd |
| fours, on all | ar fy mhedwar (pedwar) |
| Franciscan monk | Brawd Llwyd |
| free head, give a | rhoi'r ffrwyn i [rywun] |
| free of charge | rhad ac am ddim |
| free rein, give | a'r ffrwyn ar fy ngwar |
| freelance | ar ei hwc / liwt ei hunan |
| freezing cold | chwipio rhewi |
| friend than a brother, truer a | cyfaill a lŷn yn well na brawd |
| friendly | agos atoch |
| fright, have a | cael ofn |
| frighten | codi / hela ofn ar |
| from its source to the sea, life is but a river | fel afon i fôr yw bywyd dyn |
| from one end to the other | o'r cwr |
| frozen solid | rhewi'n gorn |
| fulfill a promise, to | cywiro addewid |
| fullness of time, the | cyflawnder yr amser |
| fun and games | hwyl a sbri |
| fuss and bother, all | yn fwg ac yn dân (mwg) |

| | |
|---|---|
| gaining ground | ennill tir |
| gasping for breath | a'm gwynt yn fy nwrn (gwynt²) |
| gather firewood when it's fine | ar hindda y mae c'nuta |
| gathering storm | hel storm |
| gazebo | cwt haul |
| generally | ar y cyfan / gan amlaf (aml) |
| generation to the next, from one | o rod i rod (rhod) |
| generous | llawagored |
| genuine | go iawn / o'r iawn ryw |
| Get a move on! | Siapa hi! / Siapa dy stwmps! |
| Get lost! | Cer / Dos i grafu [dy fol efo 'winedd dy draed]! (crafu) |
| get on with | bwrw ymlaen / pydru arni |
| get over | dod dros |
| getting on (advancement) | dod yn fy mlaen |
| getting on for / approaching | gyrru ar |

| English | Welsh |
|---|---|
| gift of the gab | dawn dweud |
| give up | rhoi'r ffidil yn y to |
| glad tidings of great joy | newyddion da o lawenydd mawr |
| glad to see the back of | gwynt teg ar ôl |
| glimmer of light | llygedyn o olau |
| glitters is not gold, all that | nid aur popeth melyn |
| glove (single) | maneg weddw |
| glutton | hwch yn bwyta cols |
| go, give it a | rhoi cynnig ar |
| go, on the | ar y gweill |
| go to pieces | mynd â'i ben iddo |
| God | y Brenin Mawr |
| God willing | os byw ac iach |
| golden age | oes aur |
| good as, every bit as | cystal bob blewyn / tamaid |
| good deed | tro da |
| good food, to provide | cadw bwrdd da |
| good-for-nothing | da i ddim |
| Good gosh! | Bois bach! (boi) |
| good hedges make good neighbours | cymydog da yw clawdd |
| good is the enemy of the best | nid da lle gellir gwell |
| good fist of, make a | cael hwyl ar |
| good nick (animal), in | blewyn da |
| good word, a | gair da |
| goosepimples | croen gŵydd |
| Gospel truth | cyn wired â phader (gwir) |
| gossip | hel clecs |
| grab the chance / opportunity | achub / bachu ar y cyfle |
| grace, say | gofyn bendith |
| gradually | o dipyn i beth / fesul tipyn |
| grasp of, have a | cael crap ar rywbeth |
| grass is always greener, the | man gwyn man draw |
| grass roots | llawr gwlad |
| grave, turn in his | troi yn ei fedd |
| grease a palm, to | iro llaw |
| great | fel y boi / fel y pwnsh |
| great and the good, the | hoelion wyth |
| great big ... | clamp / homar / honglad / horwth o ... |
| great shame, a | dagrau pethau |
| great stride(s) | cam bras / camau breision |

| | |
|---|---|
| green sward | tir glas |
| greet, to | cyfarch gwell |
| grey hairs | blodau'r bedd |
| grind exceedingly small, to | malu'n fân |
| grind on | rhygnu arni |
| grind out a living | rhygnu byw |
| grips with, get to | mynd i'r afael â rhywbeth (gafael) |
| grounds of, on the | ar y tir |
| grown person | yn ei oed a'i amser |
| grudge, hold a | dal dig |
| grudging assistance | help llaw chwith |
| guaranteed | yn saff (Dduw) iti |
| Guinness | gwin y gwan |
| guise of, in the | dan rith (rhith) |
| gun stock | cyff gwn |

| | |
|---|---|
| hair stand on end, make my | codi gwallt fy mhen |
| hair, without turning a | heb droi blewyn |
| hair's breadth, within a | o fewn trwch blewyn |
| half, by | o'r hanner |
| half-baked | hanner pan / hanner call a dwl |
| half-hearted offer | cynnig / gofyn dros ysgwydd |
| half-joking | rhwng difrif a chwarae |
| half-truth, the biggest lie is | celwydd pennaf, hanner y gwir |
| hall of fame | oriel yr anfarwolion |
| hammer and tongs | lladd nadroedd |
| hammer home | bwrw / taro hyd adref |
| hammer home a message | clensio cenadwri |
| hand in hand | dwrn tra dwrn / law yn llaw (llaw) |
| hand to the plough, put a | rhoi llaw ar yr aradr |
| hand, at | wrth y drws |
| hand, be at | wrth fy mhenelin (penelin) |
| hand, on the one | ar un wedd (gwedd) |
| hand, to give a | estyn llaw |
| handful, a | llond dwrn / llond llaw |
| hands full, have my | llond fy nwylo (dwylo) |
| hang and quarter someone (metaphorical) | tynnu rhywun yn bedwar aelod a phen |
| Hang on a minute! | Aros funud fach! |
| Hang on! | Hanner munud! |

| | |
|---|---|
| hangover | Penmaenmawr |
| happiness, to be besides oneself with | modd i fyw (byw) |
| happy, be healthy, be | a fynno iechyd bid lawen |
| harass | gyrru ar rywun |
| hard cash | arian sychion |
| hard old world | byd caled |
| harsh | llawdrwm |
| harvest celebration | criaw'r crewyn |
| harvest moon | naw nos olau |
| hash of, make a | gwneud cawl o |
| hate wholeheartedly | casáu â chas perffaith |
| haughty | ffroenuchel |
| head above water, keep my | cadw fy mhen uwchben y dyfroedd (pen) |
| head and shoulders above | pen ac ysgwydd yn uwch |
| head for home | troi tua thre' |
| head or tail of, to be unable to make | methu gwneud na rhych na gwellt / rhawn |
| head to foot, from | o wadn y droed hyd y corun (gwadn) |
| head to tail | o'r brig i'r bôn |
| head, to go to one's | codi i ben rhywun |
| head, off his | ddim yn gall (call) |
| head, take it into my | cymryd yn fy mhen |
| head, turn on its | troi ar ei dalcen (talcen) |
| headlong (inappropriate) | ar / yn fy nghyfer (cyfer) |
| head-over-heels | dibyn-dobyn |
| head-over-heels in love | dros ei ben a'i glustiau mewn cariad |
| heads together, put our | rhoi ein pennau ynghyd |
| heart, by | ar dafod leferydd |
| heart in my mouth | a'm calon yn fy ngwddf |
| heart of the matter, get to | mynd i berfedd rhywbeth (perfedd) |
| heartache | gofid calon |
| heartburn | dŵr poeth |
| heart's delight | wrth fodd calon |
| heat (of the moment), in the | ym merw [dadl] (berw) |
| heat of the day, in the | pwys a gwres y dydd |
| Heavens above! | Brenin Mawr! |

| | |
|---|---|
| heavy end | pen praffaf |
| heel, turn on my | troi ar fy sawdl |
| hell or high water, come | trwy ddŵr a thân (dŵr) |
| hell, go to | cer / dos i ganu |
| helm, at the | wrth y llyw |
| here and there | hwnt ac yma |
| hide and seek | chwarae mig |
| hide one's light under a bushel | cadw / cuddio / dodi goleuni / cannwyll dan lestr |
| higgledy-piggledy | blith draphlith |
| high and low, hunt | o bant i bentan / o bant i dalar (pant) |
| high horse, on my | ar gefn fy ngheffyl (ceffyl) |
| high regard | meddwl uchel |
| high time | hen bryd (pryd) |
| highly regarded | uchel ei barch (parch) |
| hilt, to the | i'r carn |
| hit the nail on the head | taro'r fwyell / yr hoelen ar ei phen / ei thalcen |
| Hobson's choice | dewis rhwng y diawl a'i gwt |
| hold court | cynnal seiat |
| hold my own | dal fy nhir |
| hold my tongue | dal fy nhafod |
| hold on to | dal gafael ar |
| hold your water | dal dy ddŵr |
| hold water, that doesn't | ddim yn dal dŵr |
| hole in my sock | taten yn fy hosan |
| home is his castle, every man's | castell pawb ei dŷ |
| homebrew | tablen |
| Honestly and truly! | Wir yr! (gwir) |
| hope spring eternal in the human breast, let | cadw frigyn ir yn dy galon a daw'r adar i ganu eto (brigyn) |
| hopeless state, in a | ym mhig y frân (brân) |
| hopping mad | cacwn wyllt / gwyllt gacwn |
| hornet's nest, stir up a | cicio nyth cacwn |
| horns of a dilemma | cyfyng gyngor |
| hotfoot it away, to | ei bachu hi |
| houseproud | twymyn twtio |
| hug | coflaid |
| human condition, the | ychydig is na'r angylion |
| hundred and one, a | mil a mwy / cant a mil |

| | |
|---|---|
| iconoclasm | dryllio delwau |
| idle | bwyta bara seguryd |
| ignorance is the mother of all evil | anwybod yw mam yr holl feiau |
| ill wind | awel groes |
| ill wind that blows no good, it's an | ni ddaw drwg i un na ddêl da i arall |
| illegitimate child | plentyn drwy'r berth / plentyn llwyn a pherth / plentyn siawns / babi ffair / cyw tin clawdd / cyw gwyllt |
| immediately | ar fy union / rhag blaen |
| impartial | di-dderbyn-wyneb |
| impediment | maen tramgwydd |
| in case | rhag ofn |
| in memoriam | er cof |
| increase the ration | gostwng y rhastal |
| indebted | dan rwymau (rhwym) |
| Indian summer | haf bach Mihangel |
| indifferent | nac yn oer nac yn frwd |
| indigestion | diffyg traul |
| infatuated | mopio fy mhen (pen) |
| informer | aderyn bach |
| infusion, a fizzy | diod fain |
| inherited wealth | cnu hen ddafad farw |
| innate talent | cyw o frid yn well na phrentis |
| innocent abroad, an | llo lloc |
| inside out | tu chwith allan / mas |
| insincere offer, an | cynnig o hyd braich |
| instinctively / I feel it in my water | ym mêr fy esgyrn |
| insurance | wrth raid |
| insurmountable problem | wal ddiadlam |
| intertwined | fel perfedd mochyn (perthyn) |
| invitation, extend an | estyn gwahoddiad |
| irons in the fire, too many | gormod o heyrn yn y tân |
| irrevocable | di-droi'n-ôl |
| itching to do something | llosgi yn ei groen |
| itching with excitement | methu byw yn fy nghroen |
| it'll do | gwneud y tro |

Jack for every Jill, there's a      mae brân i bob brân
Jack of all trades      Siôn pob gwaith
jaw jaw, not war war      arf doeth yw pwyll; arf ynfyd, dur
jiffy, in a      mewn chwinciad chwannen /
     cyn pen dim
job, just the      eithaf peth
Job's comforters      cysurwyr Job
jot or a tittle, not a      dim un iod nac un tipyn
journey's end      pen y dalar (talar)
joys of spring, full of the      yn fy llawn hwyliau (hwyl²)
Judas kiss      cusan Jwdas
judge everybody by my own      mesur pawb wrth fy llathen
  standards      fy hun
Judgement Day      dydd o brysur bwyso
just touching      braidd gyffwrdd


keel, keep on an even      dal y / cadw'r ddysgl yn wastad
     (dysgl)
keen, make all the more      porthi awydd
keep a dog and bark yourself      cadw ci a chyfarth dy hunan
keep at it      dygnu arni
kettle, fire-      Morgan
kick against the pricks      gwingo yn erbyn y symbylau
kick one's heels      cicio sodlau
kick over the traces      cicio dros y tresi
kick, give a      estyn cic
kill the fatted calf      lladd y llo pasgedig
kill time, to      lladd amser
kill two birds with one stone      lladd dau deryn ag un ergyd
kindle a fire on an old hearth,      hawdd cynnau tân ar hen
  it's easier to      aelwyd
kittens, to have      cael cathod bach (cath)
knickers in a twist      croen ei din ar ei dalcen
knock people's heads together      bwrw / cnocio pennau at
     ei gilydd
know any better, not to      nid oes disgwyl gan ful / asyn
     ond cic (mul)
know my stuff      gwybod fy mhethau
know how things are      gwybod faint o'r gloch yw hi
     (cloch)

| | |
|---|---|
| know nothing | gwybod tu nesaf i lidiart y mynydd (llidiart) |
| know someone anywhere | adnabod rhywun ym mhig y frân |
| know thyself | gorau adnabod, adnabod dy hun / 'gwybydd fesur dy droed dy hun' (gwybod) |
| know what's what, to | gwybod be' 'di be' |
| know where I stand | gwybod lle rwy'n sefyll |
| know where to go for a favour | gwybod wrth ba bost i rwbio |
| know which way the wind blows | dallt y dalltings / synhwyro cyfeiriad y gwynt |
| know, as far as I | hyd y gwn i |
| known, let it be | rhoi ar ddeall |
| knuckle sandwich | brechdan / cwlwm pump |
| knuckle stones | cerrig bach |

| | |
|---|---|
| labour of love | llafur cariad |
| laid out (of a body) | dan ei grwys (crwys) |
| lamb to slaughter | oen i'r lladdfa |
| land flowing with milk and honey, a | gwlad yn llifeirio o laeth a mêl |
| Land of Cockaigne, the | Bryniau Bro Afallon (Afallon) |
| Land of Song, the | Gwlad y Gân |
| land of the living, in the | ar dir y byw |
| lapdog | ci bach / ci rhech |
| last-minute crisis | byd ar ben a'r bobl ar ddŵad |
| last of the brood | cyw melyn olaf / tin y nyth |
| last, at | o'r diwedd |
| laugh at | chwerthin am ben |
| laugh up my sleeve | gwenu yn fy nwrn |
| laughing-stock | cyff gwawd |
| launch, to | bwrw / gwthio / gyrru'r cwch i'r dŵr |
| laverbread | bara lawr |
| Law of the Medes and the Persians | deddf y Mediaid a'r Persiaid |
| law unto themselves, a | yn gyfraith iddynt eu hunain |
| lay a hedge | plygu gwrych |
| laying down the law | dweud y drefn / ei dweud hi |
| laziness is the root of all evil | hedyn pob drwg, diogi |

| | |
|---|---|
| lazy man's load | baich gwas diog |
| lazy shepherd, a wolf's best friend | cyfaill blaidd, bugail diog |
| lazy wind | gwynt main / awel fain |
| lead the debate | agor mater |
| lead the singing | ledio'r canu |
| leaf, turn over a new | troi dalen newydd |
| leak, to | gollwng dŵr |
| leapfrog | ffwtit |
| least said, soonest mended | calla dawo / dewi (call) |
| leave no stone unturned | troi pob carreg |
| leave the possibility of an opening | cadw'r drws ar agor |
| leave them wanting more | torri rhywbeth yn ei flas (blas) |
| leavening of bread | y lefain yn y blawd |
| leeward side of the fence, the | tu clytaf y clawdd |
| left in peace | cael llonydd |
| leg it | cymryd y goes (coes) / rhoi traed yn y tir / ei g'leuo hi (goleuo) |
| legs like matchsticks | coesau robin goch |
| leisurely | lincyn loncyn / ling-di-long |
| leopard doesn't change its spots, a | anodd i neidr anghofio sut i frathu / cyw a fegir yn uffern, yn uffern y myn fod / anodd tynnu cast o hen geffyl |
| let there be light | bydded goleuni |
| lie through one's teeth | palu / rhaffu celwyddau |
| life, breath of | anadl einioes |
| life without books is but a trance | cwsg yw bywyd heb lyfrau |
| life of me, for the | dros fy nghrogi (crogi) / yn fy myw |
| lifting stone | maen gorchest |
| light between the ears | 'bach yn ysgafn rhwng y ddwy glust (clust) |
| light, to come to | dod i glawr / dod i'r fei |
| likely, it's | ond odid |
| likely to come | odid na ddaw |
| line my own pockets, to | troi'r dŵr at fy melin fy hun |
| link | dolen gydiol / gyswllt |
| lions' den | ffau'r llewod |
| lisp | deilen ar dafod |
| little finger, turn him round my | troi (rhywun) o gwmpas fy mys bach (bys) |

| | |
|---|---|
| little is better than none | mae blas ar beth, does dim ar ddim |
| little pigs have big ears | mae clustiau mawr gan foch bach / mae siswrn bach yn torri |
| live from hand to mouth | byw o'r bawd / llaw i'r genau |
| live off one's wits | byw ar ei gynffon yn lle ei ewinedd |
| live off my savings | byw ar fy mloneg (bloneg) |
| live off someone, to | byw ar gefn [rhywun] |
| live off the fat of the land | byw'n fras |
| living on fresh air | yn byw ar drugaredd a gwynt y dwyrain |
| live on one's wits | dilyn march ar y môr |
| live to see springtime | clywed y gog |
| living on top of each other | troi yng ngwynt ei gilydd (gwynt²) |
| living soul, every | pob perchen anadl |
| living, make my | hel fy nhamaid |
| load of old codswallop | lol botes maip |
| local talent | brethyn cartref |
| lock, stock and barrel | cipyn a chapan / corff, cyrn a charnau |
| loggerheads, at | benben |
| long ago | 'slawer dydd |
| long courtship, less grief | hir garu, byr guro |
| long time ago, a | ers talm / erstalwm |
| loo | lle chwech |
| look first to yourself | cau dy geg dy hun ac mi gaei di geg pawb |
| look, a faraway | golwg bell |
| look-out, on the | ar sgawt |
| loose change | arian mân |
| loopy | ddim yn chwarter call |
| loosen one's grip | gollwng gafael |
| lose ground | colli tir |
| lose it, to | colli arnaf fy hun / colli fy limpyn / mynd o'm cof |
| lose one's head completely | colli pen yn lân |
| lose out | cael ail |
| lose the day | colli'r dydd / maes |
| lose the thread | colli pen y llinyn |
| lose your temper | cael y gwyllt |

| | |
|---|---|
| lose ground | colli tir |
| lot of time for, I've got a | mae gen i dipyn o olwg ar |
| loudmouth | uchel ei gloch (cloch) |
| love conquers all | serch a wna ffordd drwy ddŵr a thân |
| love grows in adversity | trwy gicio a brathu mae cariad yn magu |
| love-spoon | llwy garu / llwy serch |
| lovely boy | bachgen gwyn |
| low watermark | distyll y trai |
| lucky dip | cwdyn y saint |
| lunar cycle | cylch y lleuad / lloer |
| lungs | yr hen fegin |

| | |
|---|---|
| mackerel sky | awyr draeth |
| made public | ar goedd / ar goedd gwlad (coedd) |
| magic and enchantment | hud a lledrith |
| maid of all work | morwyn-bob-galw |
| make faces | tynnu wynebau |
| make someone feel sick | codi cyfog / pwys |
| make fun of someone | cael / gwneud / tynnu hwyl am ben rhywun |
| man amongst children, a child amongst men (teacher) | cewri ymhlith plant, plant ymhlith dynion (athrawon) |
| man in the moon, the | Rhys Llwyd y lleuad |
| man in the street, the | y dyn yn y stryd |
| man of some importance | dyn mawr |
| man on the Clapham omnibus, the | Mrs Jones Llanrug |
| man shall not live by bread alone | nid ar fara yn unig y bydd byw dyn (bara) |
| man, his days are as grass, as for | dyddiau dyn sydd fel glaswelltyn |
| maneater (of a married woman) | hel dynion |
| manna from heaven | manna o'r nefoedd |
| mark of Cain | nod Cain |
| marry for money not love | caru'r nyth ac nid yr aderyn |
| match, spark like a | tanio fel matsen |
| maxim | hen air (gair) |
| may as well (not) | waeth imi (heb) (gwaeth) |
| may you live forever and may I be there to bury you | gobeithio byddi di byw byth a finnau byw i dy gladdu di |

| | |
|---|---|
| means of grace, the | moddion gras |
| means, by all | ar bob cyfrif |
| measure my length | ar fy hyd / mesur fy hyd |
| measure twice, cut once | mesur ddwywaith cyn torri unwaith |
| meat and drink | yn fwyd ac yn ddiod imi (bwyd) |
| melt away | fel mwg |
| memory like an elephant | cof eliffant |
| memory stick | co' bach (cof) |
| mendicant friars | brodyr cardod |
| mess things up | cachu ar y gambren |
| mess of things, make a complete | moelyd y cart |
| might and main, with | nerth braich ac ysgwydd |
| might, with all my | â'm deng ewin |
| mild beer | cwrw coch |
| milestone | carreg filltir |
| Milky Way, the | Caer Wydion |
| mill, to be put through, the | mynd trwy'r felin |
| mind, bring to | dwyn i gof (cof) |
| mind on, set my | rhoi fy mryd (bryd) |
| minds, to be in two | cloffi rhwng dau feddwl |
| mine | ar fy elw |
| miracles, do | gwneud melin ac eglwys ohoni |
| mishap | tro trwstan |
| mismatch | ieuo anghymarus (iau) |
| miss, to | gweld eisiau / teimlo'n chwith ar ôl rhywun |
| mixed bag | ystên Sioned |
| mixed up in it, all | trwy'r trwch |
| moment of weakness, a | awr wan |
| moment, at the | ar y funud |
| money burning a hole in my pocket | arian yn llosgi twll yn fy mhoced |
| money, it all comes down to | diwedd y gân yw'r geiniog |
| more haste, less speed | mwyaf y brys, mwyaf y rhwystr |
| more help, less respect | mwya'i gymorth lleia'i barch (cymorth) |
| more often than not | yn amlach na pheidio |
| more or less | mwy na heb / mwy neu lai |
| more than anyone | yn anad neb |
| more than anything | yn anad dim |
| more than likely | mwy na thebyg |

| | |
|---|---|
| more than your life's worth | perygl bywyd |
| morning after the night before, the | drannoeth y ffair |
| morning tea-break | te deg |
| most part, for the | gan mwyaf |
| mother hen, a | iâr ag uncyw |
| mother, like daughter, like | fel y fam fydd y ferch |
| moult, to | bwrw blew / plu |
| mountain out of a molehill, | gwneud môr a mynydd |
| to make a | gwneud mynydd o gachu iâr |
| mouthful, give / get a | cael / rhoi llond pen |
| mouths of babes and sucklings, | o enau plant bychain (genau) |
| from the | |
| mouth-watering | tynnu dŵr o'r dannedd |
| move on, to get a | cael theimlo gwres fy nhraed |
| move out | codi pac |
| mull over | hel meddyliau |
| mumble | bwyta fy ngeiriau |
| Mummy's pet | babi Mam |
| music to one's ears | mêl ar fysedd |
| musical rivalry | cythraul canu |
| must-have | rhaid wrth |
| you must learn to crawl before | rhaid cropian cyn cerdded |
| learning to walk | |
| mutter | siarad dan fy nannedd |
| | (dannedd) / dan fy ngwynt |
| | (gwynt$^2$) |
| myself, by | ar fy mhen fy hun (pen) |
| myself, full of | llond fy nghroen |

| | |
|---|---|
| nail in the coffin, a | hoelen yn arch [rhywun] |
| naked | porcyn |
| nation, a | cyff cenedl |
| natter on | berwi |
| nature, it's not in my | nid yw yn fy nghroen (croen) |
| natural, a | yn nhoriad fy mogail (bogail) |
| near the mark | agos at ei le |
| near, go | mynd ar gyfyl (cyfyl) |
| necessity is the mother | angen a ddysg hen i redeg / |
| of invention | angen yw mam pob celf |
| need for, to feel the | clywed ar fy nghalon (calon) |

| | |
|---|---|
| neither here nor there | man a man â Sianco / mwnci |
| nestling in the mountain | yng nghesail y mynydd (cesail) |
| never do today what you can put off till tomorrow | dim ond heddiw tan yfory, dim ond fory tan y ffair |
| never mind | dim ots / hidiwch befo / waeth befo |
| new broom sweeps clean, a | wythnos gwas newydd |
| new look | ar ei newydd wedd |
| newlywed's breakfast | brecwast chwadan |
| next to nothing | nesaf peth i ddim |
| night on the town | noson fawr (mawr) |
| nip it in the bud | taro rhywbeth yn ei dalcen |
| nitty-gritty, get down to the | mynd i blu rhywbeth (plu) |
| nitty-gritty, the | glo mân |
| no bloody way | dim ffiars o berygl (perygl) |
| noisy, being | cadw sŵn |
| none better | heb ei ail |
| none the wiser | (heb fod) uwch bawd (na) sawdl |
| no better off | dim tewach fy nghawl (cawl) |
| no-one | dim enaid byw |
| no-one's perfect | heb ei fai, heb ei eni (bai) / mae'r calla'n colli weithiau (call) |
| nose to tail | trwyn wrth din |
| nose to the grindstone, to keep one's | cadw trwyn rhywun ar y maen |
| nose up at, to turn one's | troi trwyn ar |
| not all there | heb fod yn llawn llathen |
| not a one | dim un wan jac |
| not bad | ddim yn ffôl |
| not much go | dim llawer o daro (taro) |
| nothing at all | dim byd / dim oll |
| nothing comes from nothing | ddaw dim o ddim |
| nothing else will do | does dim byw na bod |
| nothing new under the sun | does dim newydd dan yr haul |
| nothing ventured, nothing gained | os na fentri di beth, enilli di ddim |
| novelty | hardd pob newydd |
| November | mis du |
| now | ar hyn o bryd (pryd) |
| now and again | bob hyn a hyn / nawr ac yn y man / yn awr ac eilwaith |
| now on, from | o hyn ymlaen |

| | |
|---|---|
| obliged to, feel | teimlo ar fy nghalon (calon) |
| occasionally | ar dro (tro) |
| odd one, the | ambell un |
| odd one out | un dyn bach ar ôl |
| of blessed memory | coffa da am |
| of course | wrth reswm (rheswm) |
| off on my hols | mynd i rodio (rhodio) |
| Off you go! | Clatsia bant! (clatsio) |
| ogle | gwneud llygaid bach / taflu llygad gafr |
| Oh happy day! | dydd o lawen chwedl |
| out of the ark | allan o'r arch |
| old age, fair | oedran teg |
| old as sin, as | hen fel pechod |
| old folk | hen ddwylo (dwylo) |
| old hand at, an | hen law (llaw) |
| old head (on young shoulders) | hen ben (pen) |
| old know, the young assume | yr hen a ŵyr, yr ifanc a dybia |
| old mate | hen goes (coes) |
| Old Nick | yr hen Nic |
| old pals | llawiau |
| old woman, he's a bit of an | hen wlanen o ddyn (gwlanen) |
| old, grow | mynd i oed |
| old-fashioned look, give someone an | edrych yn gam ar rywun |
| on and on about, go | canu cywydd y gwcw |
| on my own, all | fy hunan bach |
| on tiptoe | ar flaenau fy nhraed (blaen) |
| once and for all | unwaith ac am byth |
| one and all | oll ac un |
| one in a million | un o fil |
| one of the best | siort orau |
| one swallow doesn't make a spring | un wennol ni wna wanwyn (gwennol) |
| only skin and bone | dim ond croen ac asgwrn |
| only thing we have to fear is fear itself, the | ofn ofnadwy yw ofn bod ofn |
| open my trap | agor fy mhig |
| opencast coal | glo brig |
| open-minded, to be | bod â meddwl agored |
| opinion, everyone's entitled to an | pawb â'i farn (barn) |

| | |
|---|---|
| opinions: the wise are flexible in theirs, the fool's stay fixed | doeth a newid ei farn, ffôl a geidw yn gadarn (barn) |
| oppose, fiercely | gwrthwynebu'n chwyrn |
| opposite side of the wall, the | am y pared â |
| out of my depth | allan o'm byd / dyfnder / dyfn |
| out of my way, go | mynd allan o'm ffordd |
| out of the frying pan and into the fire | o'r badell ffrio i'r tân (badell) |
| outward appearance | cas cadw (cas²) |
| over and over | drachefn a thrachefn (trachefn) |
| over the top | dros ben llestri |
| own back-yard, your | milltir sgwâr |
| own, on your | ar fy mhen fy hun (pen) |
| | |
| pack of cards | cyff o gardiau |
| pain of (death), on | dan boen (poen) |
| pain, no gain, no | dim poen, dim elw / ni bydd budd o ychydig |
| painted sepulchres | beddau wedi eu gwyngalchu |
| palm of my hand, in the | ar bant fy llaw (pant) |
| pap | bwyd llwy |
| Paradise Lost | Coll Gwynfa |
| parsimonious, to be | edrych yn llygad y geiniog |
| part, for my | o'm rhan i |
| passing, in | wrth fynd heibio |
| pat on the back, give someone a | curo cefn rhywun |
| patience is a virtue | eli i bob drwg, amynedd |
| patience of Job, the | amynedd Job |
| pay-back | talu'r hen chwech yn ôl / talu'r pwyth yn ôl |
| | |
| pay dividends | talu ar ei ganfed |
| pay off old debts | setlo hen gownt (cownt) |
| pay one's last respects, to | talu'r gymwynas olaf |
| pay through the nose | talu trwy'r trwyn |
| pear-shaped, gone | wedi mynd yn sgrech ar rywun / wedi mynd yn ffradach |
| | |
| pee into the wind | piso yn erbyn y gwynt |
| peep, not a | na siw na miw |
| peeved, to be | llyncu mul (ac mi welaf ei gynffon) / gweld [yn] chwith |

| | |
|---|---|
| peg-leg | coes glec |
| penny | dimai goch y delyn |
| penny wise, pound foolish | achub y blewyn a cholli'r bwrn |
| perjury | tyngu anudon |
| persevere | dal ati |
| perseverence pays | dyfal donc a dyr y garreg |
| persuade, trying to | dwyn perswâd ar |
| pet lamb | oen llywaeth |
| petticoat-government | llywodraeth y bais |
| Philistines | Philistiaid |
| pick up bad habits | codi cast |
| pickle, in a | mewn picil |
| Pied Piper's cloak | y Fantell Fraith (mantell) |
| pig in a poke | nid wrth ei big y mae prynu cyffylog / gylfinir (pig) |
| pig in muck, like a | ymdrybaeddu mewn trythyllwch |
| piggy-back | ceffylau bach |
| pile of, a | hylltod / llond gwlad o bethau |
| pillar to post, from | o bared i bost (pared) |
| pin back his ears | moeli / moelyd clustiau |
| pin, like a new | fel pìn mewn papur |
| pins / tenterhooks, on | ar bigau'r drain / ar binnau (pinnau) |
| pioneer, to | torri tir newydd |
| pipeline, in the | yn yr arfaeth |
| piss on one's chips | cachu'r gath yng ngwely'r cennin |
| pitch black | tywyll bitsh |
| place for everything and everything in its place, a | lle i bopeth a phopeth yn ei le |
| plague of locusts | haid o locustiaid |
| plain as the nose on my face, as | mor blaen / glir â hoel ar bost |
| plain truth, the | y gwir moel / y gwir cas |
| plastered with | yn blastr o (plastr) |
| plate, too much on my | gormod ar fy mhlât / fy nhrensiwr |
| play into someone's hands | chwarae i ddwylo rhywun |
| play the bear (make life unpleasant) | chwarae'r bêr |
| play with fire | chwarae â thân |
| pleasantly surprised | cael siom ar yr ochr orau |
| please, if you | os gwelwch yn dda (gweld) |

| | |
|---|---|
| pleased, I'm | mae'n dda gennyf |
| pleasure, it's a great | pleser o'r mwyaf |
| ploughed land | tir coch |
| point the finger | pwyntio / estyn bys |
| pompous fellow | bachan bras |
| poor as a church mouse | tlawd fel llygoden eglwys |
| poor but proud | tlawd a balch |
| pop in | taro i mewn |
| position to, in a | ar dir (tir) |
| positive spin on, put a | gloywi gleuod |
| pot; cannabis | mwg drwg / mwg melys |
| pot calling the kettle black, the | tinddu meddai'r frân wrth yr wylan / y Diafol yn gweld bai ar bechod |
| pour out my heart | bwrw fy mol (bol) / adrodd / dweud fy nghwyn |
| pour out my troubles | arllwys fy nghwd |
| practice makes perfect | arfer yw hanner y gwaith / deuparth athrylith yw arfer / arfer yw mam pob meistrolaeth |
| praise to the skies | canmol i'r cymylau |
| praise to, all | pob clod |
| pre-empt | achub y blaen ar |
| prefer charges, to | dwyn achos yn erbyn |
| prefer his place to his company | ei le fe'n well na'i gwmni (lle) |
| pregnant, be | magu mân esgyrn |
| pregnant, become | llyncu corryn / pry[f] / cael clec |
| prehistory | oes yr arth a'r blaidd |
| premature | cyn pryd |
| prepare | braenaru |
| prepare a meal | hwylio pryd o fwyd |
| prepare the way | hwyluso'r ffordd |
| prepare to go | hwylio i gychwyn / codi fy mhac (pac) |
| press on! | gwasgwch arni! |
| pressure to bear, bring | pwyso / gwasgu ar rywun |
| pretend | cymryd arnaf |
| pretty penny, cost a | ceiniog a dimai |
| prime, in his | ym mlodau ei ddyddiau (blodau) |
| printer's devil | diawl y wasg |

| | |
|---|---|
| prodigal son | y mab afradlon |
| prominence, come to | dod i'r amlwg |
| promise heaven and earth | addo môr a mynydd |
| promised land | gwlad yr addewid |
| prosperous appearance | cas da (cas²) |
| public knowledge | ceg y byd |
| puffed | allan o wynt (gwynt²) |
| pull a jib | tynnu gwep |
| pull no punches, to | dyw e ddim yn pilo wyau i neb |
| pull strings | tynnu gwifrau |
| pull someone's leg | tynnu coes |
| pull to shreds, to | beirniadu'n hallt |
| pulling against | mynd yn groes (croes²) |
| pulling teeth, like | fel tynnu dannedd |
| pupil (eye) | cannwyll llygad |
| pure gold (person) | gwerth y byd |
| push a wheelbarrow | hwylio berfa |
| Push off! | Bacha hi o 'ma! (bachu) |
| put to one side | rhoi o'r neilltu |
| putty, like | fel clai yn llaw'r crochenydd |
| puzzled, to be | crafu pen |

| | |
|---|---|
| quench a thirst | torri syched |
| question closely | holi a stilio / holi perfedd |
| quick, to the | at y byw / i'r byw |
| quick word | gair bach |
| quickly | go handi / reit handi |
| quicksilver | arian byw |
| quiet ones, it's always the | ci / cŵn tawel sy'n brathu / cnoi |
| quite a one | un garw |

| | |
|---|---|
| rabbit on | malu cachu |
| race ahead | cael y blaen ar |
| rage, get in a | codi / mynd i natur |
| raining cats and dogs | bwrw cyllyll a ffyrc / hen wragedd a ffyn |
| rain (drizzle) | pigo bwrw |
| rain (heavily) | pystylad y glaw / stido bwrw / tresio bwrw |

| | |
|---|---|
| raise bugbears / cry wolf | codi bwganod (bwgan) |
| raise Cain, to | chwarae'r diawl |
| raise his voice | codi cloch |
| raise one's brows | codi aeliau (ael) |
| raise one's hand (to greet) | codi llaw |
| raise someone's hackles | codi gwrychyn |
| raise the necessary (cash) | codi'r awel |
| raise two fingers | codi dau fys |
| rancid | blas hir hel |
| rarely | unwaith yn y pedwar amser |
| raring to go | ar dân (tân) |
| rattle someone's cage, to | tynnu blewyn o drwyn |
| reach the shore | cyrraedd glan |
| ready answer | ateb parod |
| ready cash | arian parod |
| ready listener | esgud i wrando |
| reason with | cadw / dal pen rheswm |
| recall | galw i gof (cof) |
| reception (wedding) | neithior |
| record, to | cadw ar glawr |
| record, on the | ar gof a chadw (cof) |
| recover | bwrw blinder / cael fy nghefn ataf (cefn) |
| | |
| red herring, a | codi sgwarnog |
| red-hot | chwip o (ffilm, llyfr, a.y.b.) |
| red-letter days | gwyliau coch y calendr |
| red rag to a bull, like a | fel cadach coch i darw |
| reduce the ration | codi'r rhastal |
| reflux of the tide | distyll y môr |
| refuse | gwrthod yn lân |
| regards to, give my | cofio at |
| rehash | cawl eildwym |
| relief, sigh of | anadlu unwaith eto (anadl) |
| remember, barely | brith gof (cof) |
| remembrance, in | er coffa |
| remove power | tynnu dannedd |
| reopen old wounds | agor hen friw / codi crach / hen grach (crach) |
| | |
| repair and maintenance | cynnal a chadw |
| repeat a chorus | dyblu'r gân |
| represent | sefyll dros |

| | |
|---|---|
| reputation, to get a | cael y gair |
| reserve, in | wrth gefn (cefn) |
| resigned to one's fate | fel clai yn llaw'r crochenydd |
| respect, in one | ar un olwg (golwg) |
| respects, in many | ar lawer ystyr |
| rest a while | dal der |
| rest on one's laurels | gorffwys ar y rhwyfau |
| restrict | rhoi'r ffrwyn ar rywun |
| results, but not the work, like the | da gan gath bysgodyn, ond cas ganddi wlychu ei thraed (cath) |
| revile | bwrw sen |
| ride roughshod over, to | sathru dan draed |
| right thing by, do the | gwneud chwarae teg [â] |
| rightly or wrongly | yn gam neu'n gymwys (cam) |
| rights and customs | braint a defod |
| rigout, in his best | fel ceffyl preimin |
| rip to shreds (metaphorical) | tynnu rhywun / rhywbeth yn gareiau / dipiau (careiau) |
| ripe corn | gwenith gwyn |
| rise to the bait | codi at yr abwyd |
| road rage | cythraul gyrru |
| roan | lliw rhech a rhwd (rhech) |
| roar with laughter | yn glana chwerthin |
| rock from which we're hewn, the | y graig y'n naddwyd ohoni (craig) |
| rock, like a | fel y dur |
| roll up one's sleeves, to | torchi llewys / tynnu'r ewinedd o'r blew |
| rolling boil | berwi'n glychau |
| root and branch | brig, gwraidd a bôn |
| root cause | asgwrn y gynnen / drwg yn y caws |
| root of, at the | wrth wraidd (gwraidd) |
| rope to hang themselves, to give someone enough | rhoi digon o raff i rywun grogi ei hun (rhaff) |
| rough diamond, a | aderyn brith |
| rough edge of the tongue | blas tafod |
| rougher the stone, the stronger the wall | cadarna'r mur po arwa'r graig |
| roughly drafted agreement | bargen bol clawdd |
| round and round, go | hel dail |

| | |
|---|---|
| row, in a | yn un llinyn |
| rub salt into the wound | rhoi halen ar y briw |
| rub someone up the wrong way, to | rhoi bys yn llygad rhywun |
| Rubbish! | Twt lol! / Twt y baw! |
| rule of thumb | synnwyr y fawd (bawd) |
| ruminate | cnoi cil |
| rumour has it | si / sŵn ym mrig y morwydd / yn ôl y sôn |
| rumour is rife | mae'r stori'n dew |
| run away with, to | rhoi gormod o rhaff |
| run out of steam | chwythu plwc |
| run the race (of life) | rhedeg yr yrfa |
| run with the fox and hunt with the hounds | cyfarth gyda'r cŵn a rhedeg gyda'r cadno / how 'da'r ci a hwi 'da'r sgwarnog |
| running late | ar ei hôl hi (ôl) |
| runt | bach y nyth |
| rush to conclusions, don't | gorau cannwyll, pwyll i ddyn |
| rush, in a | ar ffrwst |
| ruthless | fel barcud ar gyw |

| | |
|---|---|
| sackcloth and ashes | sachlïain a lludw |
| sacred oath, a | ar ei beth mawr (peth) |
| salt of the earth | halen y ddaear / hen ŷd y wlad |
| salt on his tail | halen ar gynffon |
| sanctuary | dinas noddfa |
| Sandman, the | Huwcyn / Siôn Cwsg |
| sands of the desert, like the | rhif y gwlith |
| sardines, like | fel penwaig yn yr halen |
| satisfied | tawel fy meddwl |
| satisfy, to | rhyngu bodd |
| saucy baggage | sopen ddigywilydd |
| saunter | cerdded wrth fy mhwysau |
| save face | cadw wyneb |
| save for a rainy day | achub angen |
| save my skin | achub fy nghroen |
| Save us! | Gwared y gwirion! |
| say my two penn'orth | cael fy mhig i mewn (pig) |
| say nothing's best | taw piau hi |
| say, to have my | dweud fy nweud |

| | |
|---|---|
| scam, profit from a | budrelwa |
| scapegoat | bwch dihangol |
| scarcely | o'r braidd |
| scared witless | ofn trwy dy din (tin) |
| scarper | ei baglu / gloywi hi |
| scattered | ar chwâl |
| scattered to the four winds | i'r pedwar gwynt |
| scold, to | pryd o dafod (pryd²) |
| scrape the bottom of the barrel | crafu gwaelod y gasgen |
| scrape through | cael a chael |
| scrap-heap, on the / out of work | ar y clwt / ar y domen |
| scratch the surface | crafu'r wyneb |
| Scrooge | Siôn-llygad-y-geiniog (ceiniog) |
| secretly | yn ddistaw bach (distaw) |
| see eye to eye | gweld lygad yn llygad |
| see faults | gweld bai |
| see further than his nose, can't | ddim yn gweld ymhellach na'i drwyn |
| see the back of someone | cael cefn rhywun |
| see the light of day, to | gweld golau dydd |
| see the wood for the trees, can't | methu gweld y coed gan brennau |
| see which way the wind is blowing | gweld sut mae'r gwynt yn chwythu |
| seek a favour | mynd ar ofyn (gofyn) |
| seething | yn ferw gwyllt (berw) |
| semi-seriously | rhwng difrif a chwarae |
| seriously | mewn difrif calon / o ddifrif calon |
| serve an apprenticeship | bwrw prentisiaeth |
| serves him right | eithaf gwaith â fo |
| set (on a course of action), to be | pen set |
| set a task | rhoi ar waith |
| set about | bwrw ati / iddi |
| set on the right track | gosod / rhoi ar ben ffordd |
| settle an argument | torri dadl |
| settle his account | setlo cownt |
| seventh heaven | seithfed nef |
| sex | cysur dyn tlawd |
| shackled hand and foot | a'm pen wrth y post |
| shade, in the | cil haul |
| shadow, to be in someone's | yng nghysgod rhywun |
| shadows under the eyes | cleisiau dan y llygaid |

| | |
|---|---|
| shake (on a deal) | taro llaw |
| shake hands | estyn fy mhump |
| shaking in my shoes | crynu yn fy esgidiau |
| shame on you | rhag dy gywilydd (cywilydd) |
| shape of, in the | ar lun a gwedd (llun) |
| sharp-tongued | llym fy nhafod (tafod) |
| sharpen, to | rhoi min |
| shattered | wedi blino'n lân / ar chwâl |
| sheltered | dan gronglwyd (cronglwyd) |
| shining like the dog's bollocks | sgleinio fel ceilliau ci |
| ship comes in, when my | pan ddaw fy llong i mewn |
| shirtsleeves, in his | yn llewys ei grys |
| shit, in deep | wedi cachu arnaf |
| shitting bricks | cachu planciau |
| shoddy | talcen slip |
| shoe | merch y crydd |
| shoe is on the other foot, the | mae'r esgid ar y droed arall |
| shoes are too tight | carchar crydd |
| shoes, to be in someone's | bod / sefyll yn esgidiau rhywun |
| shoot the breeze | malu awyr |
| short measure, a | mesur byr |
| short straw, to draw the | tynnu blewyn cwta |
| short-cut | llwybr tarw / brân |
| short-term gain, long-term pain | gloddest awr a newyn blwyddyn |
| shoulder to shoulder | ysgwydd yn ysgwydd |
| shout from the roof-tops | cyhoeddi o bennau'r tai |
| show back-bone | magu asgwrn cefn |
| show someone the door | dangos y drws i rywun |
| shun the limelight | caru'r encilion |
| shut up, to | rhoi taw |
| Shut up! | Cau dy ben / geg / lap / hopran! |
| side with | cadw ochr |
| sign, to | torri enw |
| significance, of no great | nid yw o anfeidrol bwys |
| silly person | hen het |
| silver (money) | arian gleision / arian gwynion |
| sin city | dinas ddihenydd |
| sin-eater | bwytawr pechod |
| singer, hopeless | eos bren |
| single | bod â llaw rydd |
| sink in one go / gulp | yfed ar ei ben / ar ei dalcen |

| | |
|---|---|
| sit an exam, to | sefyll arholiad |
| sit at the feet of, to | eistedd wrth draed (traed) |
| sitting up | ar fy eistedd |
| six of one, half a dozen of the other | brawd mogu / mygu yw tagu (mygu) |
| skedaddle | ei gwadnu hi (gwadn) |
| skin of my teeth, by the | trwy groen fy nannedd (dannedd) / o drwch asgell gwybedyn (trwch) |
| skin, get under someone's | mynd dan groen (croen) |
| slacken the harness | llacio'r gengl |
| slam the door in my face | cau'r drws yn fy nannedd |
| slander | bwrw llysnafedd |
| sleep with one eye open | cysgu ci bwtsiwr / cysgu llwynog |
| sleeping dogs lie, let | na ddeffroer blaidd o'i gwsg |
| sleeve, to have something up my | bod â rhywbeth i fyny / lan fy llawes |
| slice / curl a ball | crymanu pêl |
| Slough of Despond | cors anobaith |
| slowcoach | fel heddiw a[c y]fory |
| slyly | slei bach (heb wybod i gi na chath) |
| small beer | cwrw bach |
| small of the back | main y cefn |
| small thing, it's no | nid ar chwarae bach |
| smarmy | mêl i gyd |
| smashed out of his skull | chwil / meddw gaib |
| smashed to smithereens | rhacs jibidêrs / yfflon rhacs |
| smell, to | clywed arogl |
| smile from ear to ear, to | gwenu o glust i glust |
| smirk, to | chwerthin yn fy nwrn |
| snap my fingers | clec ar fy mawd (bawd) |
| snarl | dangos fy nannedd |
| sneak a glance | taflu llygad mochyn |
| sneak a kick | taflu cic |
| sneak away | diflannu fel iâr i ddodwy |
| sneer; sulk | ceg gam |
| snigger, to | chwerthin yn fy llawes |
| snob | hen drwyn (trwyn) |
| snow, patches of | esgyrn eira |
| snowball's chance in hell, a | dim gobaith caneri |

| | |
|---|---|
| snug as a bug in a rug | mor ddiddos â thwll tin hwyad (diddos) |
| so much, only | cymaint a chymaint |
| soar, to | cael gwynt dan fy adain |
| sob, to | beichio crio / llefain / wylo |
| soft rain | glaw gogor sidan |
| soft-soap | gwerthu lledod |
| softsoaper | ffilsyn ffalsach |
| solace | balm Gilead |
| sole purpose, for the | yn unswydd |
| some guy | pry(f) garw |
| some time ago | dro byd yn ôl |
| some time, for | am ryw hyd |
| somehow or other | r(h)ywsut rywfodd / rhywsut-rywsut |
| someone higher up, there's always | mae meistr ar Mistar Mostyn |
| somersault | tin dros ben |
| something afoot | rhywbeth yn y gwynt |
| something on their mind, everyone has | mae rhywbeth bach yn poeni pawb |
| something's wrong | rhywbeth o'i le (lle) |
| sometimes | ar brydiau / o bryd i'w gilydd (pryd) |
| somewhat nearer | yn nes i'r lan (glan) |
| Son of Man | Mab y Dyn |
| son of prophecy | y mab darogan |
| soon be on you, it will | yn sydyn daw dydd Sadwrn |
| sooner the better, the | cyntaf i gyd, gorau i gyd / gorau po gyntaf |
| sorry, I'm | mae'n chwith / flin (blin) / ddrwg (drwg) gen i |
| sorry for, feel | gweld chwith / teimlo'n flin dros [rywun] (blin) |
| sort the sheep from the goats, to | didoli'r defaid wrth y geifr |
| so-so | diddrwg didda |
| sour grapes | grawnwin surion |
| southerly wind | gwynt yn nhwll y glaw |
| sow the wind and reap the whirlwind, to | hau'r gwynt a medi'r corwynt |
| spades, in | ar ei ganfed |
| spade-work | gwaith caib a rhaw |

| | |
|---|---|
| spare | dros ben |
| sparks | chwain y gof |
| spate, river in | dŵr llwyd |
| speak disparagingly of | dweud yn fach am |
| speak highly of | dweud yn dda am |
| speak in riddles, to | siarad mewn damhegion |
| speak my mind | dweud fy meddwl |
| speaking, in a manner of | mewn ffordd o siarad |
| speaking terms, not on | dim Cymraeg rhyngom |
| speaking terms, to be on | torri Cymraeg |
| spend (time) | bwrw (amser) |
| spend the weekend | bwrw'r Sul |
| spidery handwriting | ysgrifen traed brain |
| spirit, scary | bwci bo |
| spitting image, the | ar lun a delw (llun) |
| splayed feet | traed chwarter i dri |
| split hairs, to | degymu'r mintys a'r anis / hollti blew |
| | |
| spot on | yn llygad fy lle |
| spot, on the | yn y fan a'r lle (man) |
| spread his wings | magu cwils / adenydd / lledu adenydd / esgyll |
| | |
| spread lies | sgothi celwyddau |
| spring-clean | cwrso corynnod |
| square peg in a round hole | fel pistyll mewn stên |
| squatting | yn fy nghwrcwd (cwrcwd) |
| staff notation | hen nodiant |
| staff of life | ffon fara |
| stale bread | bara henbob |
| stalwart | colofn yr achos |
| stamp on, put a | gosod delw ar rywbeth |
| stand down | sefyll i lawr |
| stand his ground | dal / sefyll ei dir (tir) |
| stand on my own two feet | sefyll ar fy nhraed fy hun |
| stand out | sefyll allan |
| stand still | aros / sefyll yn fy unfan |
| stand stock still | sefyll yn stond / aros yn fy unfan / sefyll yn fy unfan |
| stand up for | codi ar ei draed ôl |
| stands, not to know where he | chewch chi ddim o'i dwym na'i oer (twym) |

| | |
|---|---|
| stars in their orbit | cylch y sêr |
| start, at the very | dechrau cychwyn |
| started, just | dim ond megis cychwyn |
| starving | ar fy nghythlwng (cythlwng) |
| state bluntly | heb flewyn ar dafod (blew) |
| stay away, to | cadw draw |
| stay my hand, to | atal fy llaw |
| stay on my feet | aros ar fy nhraed |
| stealthily | o lech i lwyn (llech) |
| steam, build up a head of | codi stêm |
| steel to whet steel, it takes | haearn a hoga haearn |
| step | lled troed |
| step by step | cam a cham / cam wrth gam |
| step into the breach | camu / dyfod / neidio / i'r adwy |
| step on someone's toes, to | sathru / damshgel / ar gyrn rhywun |
| | |
| stick my beak in | gwthio fy mhig i mewn |
| stick to your ribs, this'll | sefyll at dy asennau |
| sticky fingers | dwylo blewog |
| still, small voice | llef ddistaw fain |
| stinks to high heaven | drewi dros naw perth a chamfa |
| stir things up | rhoi proc i'r tân / cynhyrfu'r dyfroedd |
| | |
| stitches, in | chwerthin yn fy nyblau |
| stock of the tree | cyff coeden |
| stockinged feet, in my | yn nhraed fy sanau (traed) |
| stomach for, no | does gennyf ddim stumog at |
| stone dead | yn farw gelain / yn farw gorn (marw) |
| | |
| stone the crows | myn brain i |
| stone's throw, a | ergyd carreg |
| stony ground | tir caregog |
| stooping | yn fy nghwman (cwman) |
| stormy petrel | aderyn drycin |
| straight and narrow, the | llwybr cul |
| straight away | yn syth bìn |
| stranger | [a]deryn dieithr |
| strength, a contest of | cadw ffwrn fach |
| strength through unity | mewn undeb mae nerth |
| strength to strength, go from | mynd o nerth i nerth |
| strike a bargain, to | taro bargen |

| | |
|---|---|
| strike a chord | taro tant |
| strike it sweetly | taro ergyd pert |
| strike while the iron is hot | taro'r / curo'r haearn tra byddo'n boeth |
| strive with might and main | rhoi pob gewyn ar waith (gwaith) |
| strong as a horse | fel ceffyl |
| strong, be cunning, if not | oni byddi gryf, bydd gyfrwys / a fo gwan, bid gyfrwys (cyfrwys) |
| strutting his stuff | mynd trwy ei bethau |
| stuck in a rut | mynd i rigol (rhigol) |
| stuff my face | hel fy mol |
| sublime to the gorblimey, from the | camp a rhemp |
| such a thing | ffasiwn beth |
| such people | y cyfryw rai |
| suck up to | crafu tin / troi ei fol at yr haul (bol) |
| suddenly | ffwr-bwt |
| sufficient unto the day | digon i'r diwrnod |
| suggestion | hanner gair |
| sulk | sorri'n bwt; gwneud ceg gam |
| summer dwelling | hafod |
| summon up enough courage | magu digon o blwc |
| sun, everything under the | popeth dan haul |
| Sunday best | dillad dydd Sul / dillad parch |
| sunk, I'm | mae wedi canu arnaf |
| sunny spot | llygad yr haul |
| superior (to) | yn frenin wrth (brenin) |
| support, offer moral | bod yn gefn i rywun (cefn) / cynnal breichiau |
| support, offer financial | rhoi ysgwydd dan yr arch |
| sure, I'm | mae'n rhaid gen i |
| surreptitiously | yn dawel bach (tawel) |
| swallow my words | llyncu fy ngeiriau |
| swallow the bait | llyncu'r abwyd |
| swear black was white | taeru du yn wyn |
| swear on my grave, I | ar fy marw |
| sweat of your brow, by the | trwy chwys dy wyneb (y byddi di'n bwyta bara) |
| sweat pints / conkers /cobs | chwysu chwartiau / boddfa o chwys |

| | |
|---|---|
| sweaty | chwys botsh / diferu / domen / drabŵd |
| swim against the current | rhwyfo yn erbyn y llanw |
| | |
| tail between my legs, with my | a'm cwt / cynffon rhwng fy nghoesau / yn fy ngafl (cynffon) |
| tail, on his | wrth gynffon (cynffon) |
| tail-coat | cot din-fain |
| take your time, to | cymryd dy amser |
| take a leak | gollwng deigryn |
| take a look | bwrw golwg |
| take a look at | cael golwg ar |
| take a short-cut | achub y ffordd |
| take advantage of | dal ar |
| take after someone | tynnu ar ôl rhywun |
| take amiss | gweld chwith |
| take care | pwyll piau hi |
| take great care | panso |
| take hold of | cymryd gafael |
| take it easy | gan bwyll |
| take it with you, you can't | does dim poced mewn amdo |
| take my hat off to | tynnu het |
| take my name in vain | cymryd fy enw'n ofer |
| take one's leave | ei throi hi (troi) |
| take part | cymryd rhan |
| take responsibility | cymryd yr awenau |
| take the lead | dal yr awenau |
| take the wind from his sails | mynd â'r gwynt o'i hwyliau |
| take umbrage | iâr dan badell |
| take up again | ailafael (gafael) |
| takes all sorts, it | mae angen sawl math o garreg i godi wal |
| | |
| takes two to tango, it | rhaid cael dau i ffraeo |
| talk but little action, all | mwy o dwrw nac o daro (twrw) |
| talk, no action, all | mawr ei fost, bach ei orchest (bost) |
| | |
| talk nineteen to the dozen | siarad bymtheg i'r dwsin |
| talk shop | siarad siop |
| talk through his hat | siarad trwy ei het |
| talk to the wall, may as well | siarad â'r wal |

| | |
|---|---|
| talking intimately | ceg yn geg |
| tame (the), are easily caught | a fyddo ddof, hawdd ei ddal (dof) |
| tamping (rain) | dwmbwr dambar |
| tamping mad | blin fel tincer |
| target | cocyn hitio |
| task, no easy | talcen caled |
| taste, to | clywed blas |
| taste for, get a | cael blas ar |
| taste of copper (money) | blas pres |
| taste, to my | at fy nant (dant) |
| tasty story | tamaid blasus |
| teaching your grandmother to suck eggs | dysgu pader i berson / yr oen yn dysgu i'r ddafad bori |
| tears, in | yn fy nagrau (dagrau) |
| tears, it'll end in | chwarae'n troi'n chwerw |
| tee, to a | i drwch y blewyn / i'r blewyn / i'r dim |
| tell me to my face | bwrw i'm dannedd |
| tell on, beginning to | dweud ar |
| tell tales | cario clecs / cario straeon |
| tell-tale tit | hen geg (ceg) |
| temporarily | dros dro |
| Ten Commandments, the | y Deng Air Deddf |
| terminated | darfod am (rywun neu rywbeth) |
| that's an end to it | dyna ddiwedd arni (diwedd) |
| that's for me to worry about | rhyngof fi a'm potes |
| that's the way it is | felly mae hi |
| them dry bones | esgyrn sychion |
| there or thereabouts | rhywle o'i chwmpas hi (cwmpas) |
| these parts | y parthau hyn |
| think much of, don't | does gen i fawr o olwg ar (golwg) |
| think the best of everybody | difeddwl-drwg |
| think the world of | meddwl y byd o |
| thin-skinned | croendenau |
| this many a day | ers tro byd |
| this too shall pass | a hyn hefyd a â heibio |
| thorn in the side | draenen yn ystlys |
| threaten | ei haddo hi (addo) |
| threaten brimstone and fire | chwythu bygythion a chelanedd |
| three tries for a Welshman | tri chynnig i Gymro |

| | |
|---|---|
| throat | lôn goch |
| throats, at each other's | yng ngyddfau ei gilydd (gyddfau) |
| throw cold water over | taflu dŵr oer ar |
| throw my weight about | taflu fy mhwysau (pwysau) |
| throw off balance | taflu / bwrw rhywun oddi ar ei echel |
| thumbs, all | yn fodiau i gyd (bodiau) |
| ticking over | dala'r slac yn dynn |
| tide | blaen y llanw |
| tide has turned, the | mae'r llanw wedi troi |
| tight-fisted | llawgaead |
| tilt, full | ar redeg (rhedeg) |
| time and again | drosodd a thro (tro) / o hyd ac o hyd |
| time cycle | cylch amser |
| time immemorial | er cyn cof |
| time to time, from | o bryd i'w gilydd (pryd) / o dro i dro (tro) |
| time will tell | amser a ddengys |
| time, all the | rownd y ril / trwy'r amser |
| time, in good | mewn da bryd (pryd) |
| time, in my own sweet | wrth fy mhwysau (pwysau) / yn fy amser fy hun |
| time, the great healer | amser yw'r meddyg / amynedd yw eli pob dolur |
| timely word | gair yn ei bryd |
| tip | cildwrn |
| tip of my tongue, on the | ar flaen fy nhafod (blaen) |
| tip the balance, to | troi'r fantol (mantol) |
| tipping down | arllwys y glaw |
| tipping the wink | awgrym cil llygad |
| tipple, to | codi'r bys bach |
| to be in someone's way | bod ar ffordd rhywun |
| to lie and to boast / are but one thing at most | bost a chelwydd, nid deupeth ydynt |
| toady, to | sychu tin rhywun |
| toast one's knees | britho crimogau |
| Tom, Dick or Harry, any | rhywun rywun |
| tongue, rough edge of my | blas fy nhafod |
| toothcomb, with a fine | crib mân |
| top, at the | ar y brig |

| | |
|---|---|
| top to toe, from | o'm corun i'm sawdl |
| topsy-turvy | strim-stram-strellach |
| toss and turn | troi a throsi |
| tot | joch |
| totally unreasonable | tu hwnt i bob rheswm |
| touch a nerve | pawb â'i fys lle bo'i ddolur (bys) |
| touchstone | maen prawf |
| travelling tailor, to work as a | chwipio'r gath (cath) |
| trice, in a | mewn cachiad nico |
| trip over his own two feet | baglu dros ei draed ei hun |
| tug o'war | siligwt |
| turn of phrase | tro ymadrodd (tro³) |
| turn on me | troi arnaf |
| turn one's nose up at, to | troi trwyn ar |
| tut, tut | dau wfft / dwbwl wfft iddo |
| twelfth of never | Sul y Pys |
| twilight | rhwng dau olau (golau) |
| twist in the tail, a | tro yn ei gynffon (cynffon) |
| two and two together, put | rhoi dau a dau at ei gilydd |
| two minds, to be in | cloffi rhwng dau feddwl |
| two peas in a pod | tatws / tato o'r un rhych |
| two ways about it, there's no | does dim dwywaith |
| two-bit | ceiniog a dimai / dwy a dimai |
| two-faced, to be | chwarae'r ffon ddwybig / lladd a llyfu |
| | |
| unalloyed | noeth |
| unanimous | ag un llais / unfryd unfarn |
| unbearably sad | mwy trist na thristwch |
| under a cloud | tan gwmwl (cwmwl) |
| under cover of | dan gochl (cochl) |
| under duress | o raid (rhaid) |
| under my (very) nose | dan fy nhrwyn (trwyn) |
| under my feet | dan draed (traed) |
| under the cosh | dan yr ordd (gordd) / dan y lach (llach) |
| under the heel | dan y sawdl |
| under the sun | dan haul |
| under the thumb | dan y fawd (bawd) |
| under the weather | dan y don (ton) |

| | |
|---|---|
| under someone's wing | dan adain |
| under the yoke | dan yr iau |
| underhand | dan din (tin) |
| understand; to get it | cael gafael ar / ei gweld hi |
| undertake the impossible | bwyta uwd efo mynawyd |
| unexpected disaster | fel huddygl i botes |
| unimportant minutiae | mân lwch y cloriannau |
| unjustly treated, to be | cael cam |
| unlikely to come | odid y daw |
| unpredictable day | llwynog o ddiwrnod |
| unreliable | whit-what |
| unremarkable | di-sôn-amdano |
| unscathed | iach fy nghroen |
| unstuck, come | cael cawell |
| unsuccessful attempt, an | caff gwag |
| up and up, on the | ar i fyny |
| up early | cyn codi cŵn Caer |
| up to him, it's | rhyngddo ac ef ei hunan |
| up to my neck in debt | i fyny hyd at fy nghlustiau mewn dyled (clustiau) |
| up to you, it's | rhyngot ti a dy gawl (cawl) |
| upon us, it's | ar ein gwarthaf |
| upper hand, get the | cael y llaw uchaf |
| ups and downs | hynt a helynt |
| upset someone, to | tynnu rhywun i 'mhen |
| upside-down | wyneb i waered |
| urge, have an | codi blys |
| use by, for | at alw (galw) |
| useless baggage | cangen haf |
| useless, totally | rhech dafad |
| U-turn | tro pedol (tro²) |
| uvula | cloch yr ymadrodd |

| | |
|---|---|
| vanguard, the | ar flaen y gad (blaen) |
| variety, a | amryw byd (o bethau) |
| vent my spleen, to | bwrw fy mustl |
| verbatim | gair am air |
| verge of, on the | ar drothwy (trothwy) |
| very best, the | gorau glas |
| very late | hwyr glas |

| | |
|---|---|
| very poorly | swp sâl |
| very slowly | fel malwen mewn tar |
| very well | o'r gorau |
| vet, to | edrych dannedd (rhywun neu rywbeth) |
| vicious circle | cylch abred |
| view, in my | hyd y gwelaf i / yn fy ngolwg (golwg) |
| virtue of, by | yn rhinwedd |
| voice, at the top of my | nerth [esgyrn] fy mhen |
| vote, to | rhoi fy llais |
| | |
| waddle, to | o glun i glun (clun) |
| waiting is long, all | hir yw pob aros |
| wake of, in the | yn sgil |
| wall, go to the | mynd i'r wal |
| walls have ears, even the | mae clustiau gan gloddiau a llygaid gan berthi |
| wanderlust | hel fy nhraed |
| wane | ar drai (trai) |
| waning moon | gwendid y lleuad |
| want badly, to | bod yn sâl eisiau |
| want to, make one | codi chwant |
| warm, keep | cael fy ngwres (gwres) |
| warn | dweud a dweud |
| wash one's hands of | golchi dwylo |
| waste not want not | cadw dy afraid at dy raid |
| waste of time and effort | hel mwg i sachau / taflu het yn erbyn y gwynt |
| waste of breath | afradu geiriau |
| wasted journey | siwrnai seithug |
| wastrel | dyn diffaith |
| watch-night (before a wake) | gwylnos |
| water diviner | dewin dŵr |
| water under the bridge | dŵr dan y bont |
| water, in my | ym mêr fy esgyrn |
| way, by the | gyda llaw |
| way, make my own | torri fy llwybr fy hun / torri llwybr i mi fy hunan |
| way of the world, the | cwrs y byd |

| | |
|---|---|
| way, on my | ar fy hald |
| way out, on their | ar adain godi |
| weak as a kitten | mor wan â brechdan |
| weak tea | piso crics / gwidw |
| wee small hours | oriau mân y bore |
| weep copiously | wylo'n hidl |
| weigh my words | mesur / pwyso fy ngeiriau |
| weigh up | pwyso a mesur |
| weight, put on | magu bloneg |
| welcome, extend a | estyn deheulaw cymdeithas |
| well done | da, was |
| well pleased | ar / uwch / wrth ben fy nigon (digon) |
| well-worn path | llwybr coch / sathredig |
| Welsh (language) | iaith y nef(oedd) |
| wet the whistle | gwlychu'r big |
| wet week-end, like a | a'm pen yn fy mhlu |
| what a shame | hen dro (tro²) |
| what it amounts to | swm a sylwedd |
| whatever | ta waeth (gwaeth) |
| wheatsheaf, last | caseg fedi |
| Where / what on earth? | Ble / beth ar y ddaear? / ar wyneb y ddaear? (daear) |
| whereupon | gyda hyn |
| whether you like it or not | o fodd neu anfodd (bodd) |
| which side his bread was buttered | pa ochr i'r dafell mae'r menyn (tafell) |
| whiff, get a | cael gwynt |
| whisper, hear a | cael achlust |
| white-skinned | croenwyn |
| white as a sheet | mor wyn â'r galchen (calchen) |
| white flag, a | baner wen |
| white horses (waves) | defaid Dafydd Jôs |
| white lie | celwydd golau |
| who smelt it, dealt it | cyntaf clyw, hynny yw (clywed) |
| whole hour, a | awr gron |
| whole, on the | at ei gilydd |
| Why not? | Pam lai? (llai) |
| wide open | lled y pen |
| widow's mite | hatling y weddw |
| wildfire, spread like | fel tân gwyllt |

| | |
|---|---|
| will o' the wisp | Jac y lanter' |
| will, where there's a | ceffyl da yw ewyllys |
| willing horse, a | ceffyl parod |
| wimp | cadach o ddyn |
| win, to | mynd â hi / piau hi |
| wind and piss, all | pwff a drewi a dyna i gyd |
| wind direction | bôn y gwynt |
| wind down | dirwyn i ben |
| wind, turn with every | troi efo pob awel / |
| | fel cwpan mewn dŵr |
| | |
| winter dwelling | hendre |
| wisdom | adeiladu tŷ ar y graig |
| wisdom of Solomon, the | doethineb Solomon |
| wishful thinking | breuddwyd gwrach wrth |
| | ei hewyllys |
| | |
| within a hair's breadth | o fewn trwch blewyn / ond y dim |
| without doubt | heb os nac onibai |
| wolf from the door, keep the | tamaid i aros pryd |
| wolf in sheep's clothing | blaidd mewn croen dafad |
| woman | asen Adda |
| womaniser | hel merched |
| wooden hill to bed | allt bren |
| wool carder | cythraul gwlân |
| word, give my, to | rhoi fy ngair (gair) |
| word, in a | mewn gair |
| Word, the (of God) | y Gair |
| word, to have a quiet | chwythu yng nghlust |
| word to the wise, a | gair i gall |
| word with, have a | cael / torri gair |
| word, without saying a | heb ddweud na bw na be |
| words, a few | gair byr |
| world and his wife | pawb a'i frawd / y byd a'r betws |
| world, for the | er y byd |
| world, looking for all the | o bethau'r byd (pethau) |
| world of good, the | byd o les |
| world, the whole wide | y byd yn grwn |
| world to come | byd a ddaw |
| world to rights, put the | rhoi'r byd yn ei le |
| worldly-wise | plant y byd hwn |
| worried stiff | poeni f'enaid |
| worse luck | gwaetha'r modd |

| worse off | ar fy ngholled (colled) |
|---|---|
| worse, make something | saith gwaeth |
| worship false gods | plygu glin i Baal (Baal) |
| worship.the golden calf, to | addoli'r llo aur |
| worth his salt | yn werth ei halen |
| worthless | diddim didda |
| wouldn't know him from Adam | ddim yn ei adnabod o'r nawfed ach (nawfed) |
| wouldn't be at all surprised | synnen i fochyn / synnen i daten / synnen i ddim (synnu) |
| wouldn't mind, I | hidiwn i ddim (hidio) |
| wrap something up | cau pen y mwdwl |
| wrestle, to | ymaflyd codwm |
| writing on the wall, the | ysgrifen ar y mur |

| yardstick | llinyn mesur |
|---|---|
| year, a whole | blwyddyn gron gyfa' |
| years on end | am flynyddoedd bwygilydd |
| yesterday's gone | ni ddaw doe yn ôl |
| You don't say! | Tewch â sôn! (tewi) |
| you must learn to crawl before learning to walk | rhaid cropian cyn cerdded |
| young people | gwaed ifanc |
| your accent betrays you | mae dy iaith yn dy fradychu |
| youth of today | y to sy'n codi |

| Z-bend | tro cynffon cath |
|---|---|
| zig-zagging all over | mor gam â phiso mochyn (piso) |
| zig-zag | igam ogam |

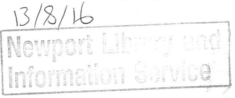